职业教育产教融合一体化精品教材

新能源汽车驱动电机检测与诊断

主　编　成　林　王谷娜　吕江毅

副主编　宋建桐　王　楠　闫　栋

参　编　陈计划　王爱龙

电子工业出版社
Publishing House of Electronics Industry
北京·BEIJING

内 容 简 介

本书以项目式教学为基础，依据新能源汽车企业典型工作任务，通过校企合作的方式共同设计了驱动电机检测与诊断、电机控制系统检测与诊断、减速器检测与诊断、驱动电机冷却系统检测与诊断4个学习项目，共包含9个学习任务。本书在每个学习任务开始前，阐述了该任务要达到的知识目标、能力目标和素质目标，以任务导入、知识准备、任务实施为主线，加强学生对前沿技术、新标准、新规范等内容的学习，帮助学生在动手操作和了解行业发展的过程中领会团结合作的重要性，重点培养学生自主学习意识、安全意识、规范意识、责任意识，以及执着、专注、精益求精、一丝不苟、追求卓越的工匠精神。本书配有工作手册，方便提升学生的操作技能。

本书可作为高等职业院校车辆工程、新能源汽车技术、智能网联汽车技术、汽车检测与维修技术、汽车制造与试验技术等相关专业教材，也可作为新能源汽车相关工程技术人员、管理人员和科研人员的参考书。

未经许可，不得以任何方式复制或抄袭本书之部分或全部内容。
版权所有，侵权必究。

图书在版编目（CIP）数据

新能源汽车驱动电机检测与诊断 / 成林，王谷娜，吕江毅主编. —北京：电子工业出版社，2023.12
ISBN 978-7-121-47082-0

Ⅰ. ①新… Ⅱ. ①成… ②王… ③吕… Ⅲ. ①新能源－汽车－驱动机构－故障诊断②新能源－汽车－驱动机构－故障诊断 Ⅳ. ①U469.703

中国国家版本馆 CIP 数据核字（2023）第 252976 号

责任编辑：陈　虹
印　　刷：涿州市般润文化传播有限公司
装　　订：涿州市般润文化传播有限公司
出版发行：电子工业出版社
　　　　　北京市海淀区万寿路 173 信箱　邮编 100036
开　　本：787×1 092　1/16　印张：6.75　字数：272 千字　插页：34
版　　次：2023 年 12 月第 1 版
印　　次：2025 年 8 月第 5 次印刷
定　　价：33.00 元

凡所购买电子工业出版社图书有缺损问题，请向购买书店调换。若书店售缺，请与本社发行部联系，联系及邮购电话：（010）88254888，88258888。

质量投诉请发邮件至 zlts@phei.com.cn，盗版侵权举报请发邮件至 dbqq@phei.com.cn。
本书咨询联系方式：（010）88254470，chitty@qq.com。

前　言

　　由于国家政策扶持，新能源汽车产业近些年得到快速发展，由此带来新能源汽车售后市场需要大量的装调、检测、诊断及其他方面的人才。教育服务于市场，领先于市场，针对目前新能源汽车专业技术人员的井喷需求，必须大量培养新能源汽车专业人才。

　　为了帮助汽车相关专业的学生及相关技术人员系统地掌握新能源汽车驱动电机系统的结构、原理、装调与检测方面的内容，适应新能源汽车技术发展的需要，编者根据多年教学实践、科学研究及故障诊断经验，并参阅了大量的文献资料，按照项目及企业典型工作任务的结构进行编写。本书以新能源汽车驱动电机系统的认识、装调和检测为开发方向，在内容编排上尽量压缩深奥的理论知识，以实例引入理论知识，更贴近企业实际工作及职业教育。

　　本书是在"双高"建设背景下，基于全国新能源智能汽车行业产教融合共同体，校企合作共同开发的工作手册式教材，突出理论与实际的转化，课程与载体的融合，工作手册不仅是具体工作任务的操作指导手册，还包含了普遍性、科学性、教育性的方法知识，能够提升学生使用所学知识解决实际问题的能力。教材紧盯新能源汽车行业企业的新技术、新工艺、新规范，将行业企业文化、企业价值观和职业道德规范等内容融入教材当中，拓宽了教材的内容广度。本书还配有数字化教学资源，能够实现线上线下混合式教学。

　　本书主编为成林、王谷娜、吕江毅，副主编为宋建桐、王楠、闫栋，参与编写的还有陈计划、王爱龙。在编写过程中，北京新能源汽车股份有限公司、理想汽车、吉利汽车、比亚迪、北京国家新能源汽车技术创新中心有限公司、蔚蓝研创（北京）科技有限公司以及中国汽车工程学会等企业和单位均给予了大力支持，并提出了许多宝贵的意见，在此深表感谢。编者还参考了大量相关文献，以及汽车厂家的培训课件等资料，在此一并向汽车厂家和相关作者表示最真诚的感谢。

　　由于编者水平所限，加之时间仓促，书中难免存在不妥之处，恳请广大读者批评指正。

编　者

目　　录

项目一　驱动电机检测与诊断 ·· 1
    任务一　驱动电机分解与组装 ·· 1
    任务二　驱动电机更换 ·· 8
    任务三　驱动电机性能检测 ·· 21

项目二　电机控制系统检测与诊断 ·· 43
    任务一　电机控制器更换 ··· 43
    任务二　电机控制系统故障检测与诊断 ··· 56

项目三　减速器检测与诊断 ·· 69
    任务一　减速器总成分解与组装 ·· 69
    任务二　减速器检测 ··· 79

项目四　驱动电机冷却系统检测与诊断 ··· 84
    任务一　驱动电机冷却系统部件更换 ··· 84
    任务二　驱动电机冷却系统故障检测与诊断 ··· 91

项目一　驱动电机检测与诊断

项目描述

在新能源汽车中，采用驱动电机代替传统能源汽车中的发动机，并在电机控制器的控制下，将电能转换为机械能来驱动汽车行驶。驱动电机是新能源汽车的三大核心部件之一，相比传统工业驱动电机，新能源汽车对驱动电机有更高的技术要求。新能源汽车驱动电机安装空间狭小、工作环境恶劣，并且振动大、冲击大、腐蚀严重、高温高湿，所以新能源汽车驱动电机需要具有密度高、体积小、功率高、转矩高、可靠性高、耐久性高和成本低等特点。本项目重点介绍驱动电机的结构、原理与检测，包含以下三个任务：

任务一　驱动电机分解与组装
任务二　驱动电机更换
任务三　驱动电机性能检测

通过以上三个任务的学习，你能够了解驱动电机的功能、特点、类型，熟悉驱动电机的结构和原理，掌握驱动电机的更换和检测方法。

任务一　驱动电机分解与组装

学习目标

知识目标：
1．了解驱动电机的功能和特点。
2．掌握新能源汽车对驱动电机的要求。
3．了解新能源汽车驱动电机的类型。

能力目标：
1．能够规范进行驱动电机的分解。
2．能够规范进行驱动电机的组装。

素质目标：
1．培养学生的自主学习意识。
2．培养学生的安全意识和规范操作意识。

任务导入

一辆新能源汽车在行驶过程中存在异响故障，车主将车辆开到新能源汽车维修站进行检修，技师初步确认驱动电机存在异响，经诊断后发现驱动电机内部存在故障，需要对驱动电机进行分解、检修和组装，以消除驱动电机的异响。

知识准备

一、驱动电机的功能

驱动电机也被称为动力电机,是纯电动汽车的唯一动力源,可向外输出转矩,驱动汽车前进、后退;也可以作为发电机发电(例如,在坡道下滑、高速滑行及制动过程中把势能或者动能通过电机转化为电能)。图 1-1-1 为安装在电动汽车上的驱动电机。

图 1-1-1 安装在电动汽车上的驱动电机

驱动纯电动汽车和混合动力汽车的电机需要在各个转速下均能够产生转矩。图 1-1-2 表示的是汽车驱动电机的转速与转矩的关系曲线,这种曲线被称为转速-转矩曲线。汽车驱动电机在中速以下时要求输出恒定功率,转矩与速度的组合决定了电机的运转情况,根据坡道起步、急加速、市区行驶、郊区行驶、高速巡航等不同的行驶状态,会发生很大的变化。

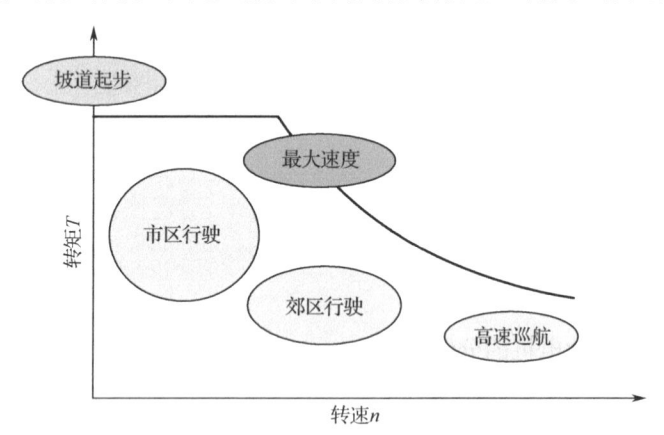

图 1-1-2 驱动电机转速-转矩曲线

二、驱动电机的特点

1) 体积小、功率密度大

由于新能源汽车的整车空间有限,因此要求驱动电机的结构紧凑、尺寸要小。这就意味着电机系统(驱动电机+电机控制器)的尺寸将受到很大的限制,电机设计厂家必须想尽办法缩小驱动电机的体积,即提高电机的功率密度和转矩密度。尤其是民用的乘用车,对电机的体积要求很高,因此业内一般选用高功率密度的永磁同步电机作为驱动电机。

2）效率高、高效区范围广、质量轻

新能源汽车驱动电机的第二个特点就是效率高、高效区范围广、质量轻。续航里程一直是新能源汽车的短板，而提升续航里程的方法就是提升驱动电机的效率，保证每千瓦·时电能都能发挥最大的用处。驱动电机的高效区范围要够广，保证汽车在大部分工况下都处于高效状态。减轻电机质量，也能间接降低整车的能耗，实现续航里程提升，如图1-1-3所示。

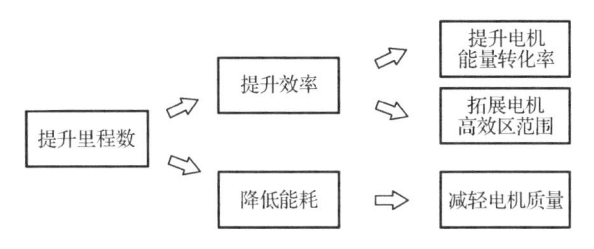

图1-1-3 提升续航里程的方法

3）安全性与舒适度

考虑到汽车用户的体验，新能源汽车驱动电机自身的安全性和舒适度应较高。安全性可以理解成电机的可靠性，即电机在恶劣环境下能否正常工作。可通过高低温箱试验来进行安全性检测。舒适度，即电机在运行时是否会使驾驶员产生体验上的不适，关注的是电机运行时的振动和噪声情况，如图1-1-4所示。

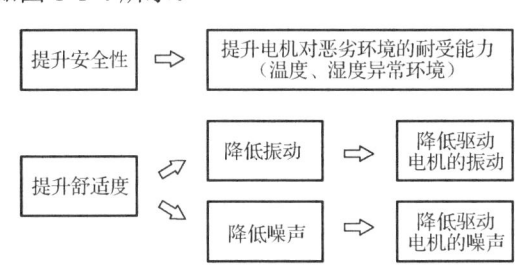

图1-1-4 提升安全性与舒适度的方法

三、新能源汽车对驱动电机的要求

1）质量轻、体积小

新能源汽车轻量化和有效空间的需求使得驱动电机在达到要求的同时必须质量轻、体积小。降低整车的质量，有利于汽车动力和续航里程的提升。

2）寿命长、可靠性高

驱动电机作为汽车的核心部件，防尘、防水、防震等性能必须符合要求，寿命及可靠性必须和整车一样，确保在整个汽车的生命周期内基本不会出现任何问题。

3）耐压性高

在允许的范围内尽可能采用高电压，这样可以减小驱动电机的尺寸和导线等装备的尺寸，特别是可以降低逆变器的成本。

4）整个转速范围的效率高

为了保证续航里程长，驱动电机在整个转速范围尽可能高效率运行，特别是路况复杂以及行驶方式频繁改变时，低负荷运行也应该具有较高的效率。

5）低速大转矩特性和较宽范围的恒功率特性

驱动电机应具有汽车行驶所需要的转矩特性，满足汽车起动、加速、行驶、减速、制动等所需的功率及转矩。

6）电气系统的安全性

目前，市场上新能源汽车的工作电压通常在 300V 以上，在工作电压下电气系统包括电机的安全性，都必须符合相关车辆电气控制的安全标准和规定。

四、新能源汽车驱动电机的类型

1）直流电机

直流电机的调速性能好，起动转矩大，控制简单，控制器成本低，但功率密度低、质量和体积较大，电机内部的电刷和转向器等零件容易磨损，可靠性不高，维修保养周期短，维修保养难度大，因此直流电机在电动汽车中的使用率越来越低，一般应用于巡逻车、电动观光车、电动叉车等低速电动车。

2）交流异步电机

交流异步电机效率高、成本低、结构简单、体积较小、质量轻，工作可靠、使用寿命长。其缺点是由于转子的转速与定子旋转磁场的旋转速度存在转差率，因而调速性能较差，控制较为复杂，配用的控制器成本较高，主要应用的车辆是大型客车等。

3）永磁同步电机

永磁同步电机具有较高的功率、结构简单、体积更小、质量更轻，比其他类型电机的输出转矩更大，其极限转速和制动性能也比较优异，因此永磁同步电机已成为现今电动汽车应用最多的电机。但永磁材料在受到振动、高温和过载电流作用时，其导磁性能可能会下降，或发生退磁现象，有可能降低永磁同步电机的性能。

4）开关磁阻电机

开关磁阻电机具有结构简单、成本低、效率高、调速范围宽、起动转矩大、过载能力强、可以有效地实现发电和制动等优点，非常适合汽车频繁起停的工况。但是起动时会发出较大噪声和振动，不过经过多年的研究，这个问题在应用中基本得到了解决。

以上四种驱动电机的性能对比如表 1-1-1 所示。

表 1-1-1 四种驱动电机的性能对比

性能及类型	直流电机	交流异步电机	永磁同步电机	开关磁阻电机
峰值效率（%）	85～89	94～95	95～97	85～90
负荷效率（%）	80～87	90～92	85～97	78～86
转速范围（r/min）	4000～6000	12000～20000	4000～15000	>15000
功率密度	低	中	高	较高
电机质量	重	中	轻	轻
电机外形尺寸	大	中	小	小
可靠性	一般	好	好	好
控制器成本	低	高	高	一般
过载能力（%）	200	300～500	300	300～500

目前新能源汽车常用的驱动电机主要是交流异步电机和永磁同步电机，且大多数新能源汽车采用的是永磁同步电机，只有少部分车辆采用了交流异步电机，这两种类型的电机均属于交流电机。

任务实施

一、任务内容

1. 驱动电机总成分解。
2. 驱动电机总成组装。

二、任务准备

1. 防护装备：绝缘鞋、防护眼镜、绝缘手套、防酸碱手套。
2. 设备及工具：驱动电机总成一台、新能源汽车维修组合工具。
3. 辅助材料：高压电维修警示牌、绝缘垫、灭火器、清洁剂。

三、实施步骤

1. 驱动电机总成分解

（1）分解驱动电机与减速驱动桥，如图 1-1-5 所示。

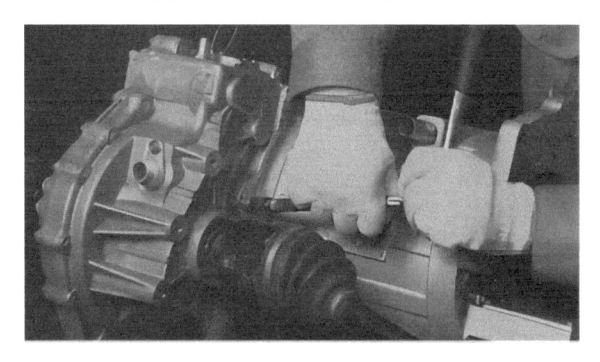

图 1-1-5　分解驱动电机与减速驱动桥

（2）拆下三相动力线接线盒上盖，如图 1-1-6 所示。

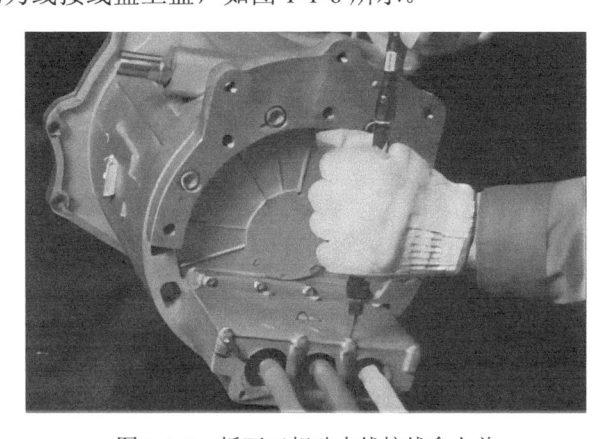

图 1-1-6　拆下三相动力线接线盒上盖

（3）拆下三相动力线固定螺栓，取下三相动力线，如图1-1-7所示。

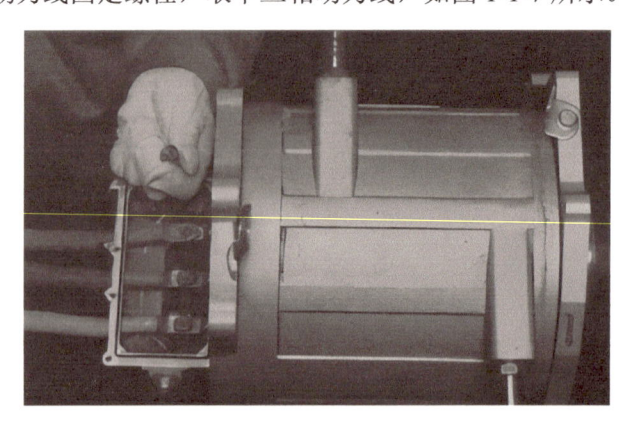

图1-1-7　拆下三相动力线固定螺栓

（4）拆下驱动电机旋转变压器盖板，取下接线盒与驱动电机之间的固定螺栓，如图1-1-8所示。

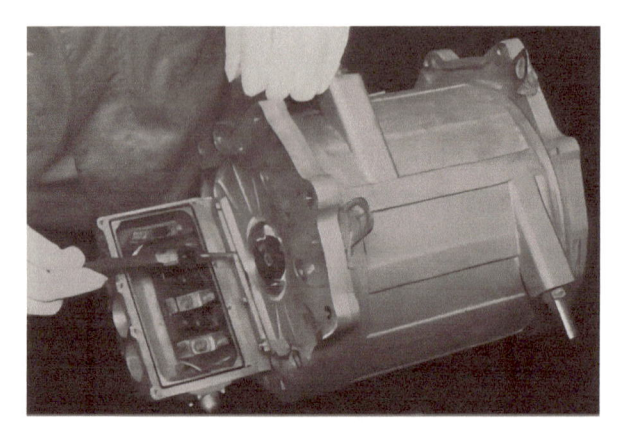

图1-1-8　拆下接线盒与驱动电机之间的固定螺栓

（5）拆下驱动电机后部固定支架，如图1-1-9所示。

图1-1-9　拆下驱动电机后部固定支架

（6）拆下驱动电机后端盖，如图1-1-10所示。

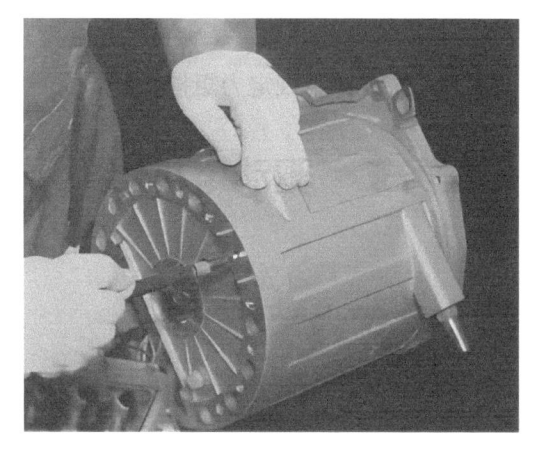

图 1-1-10 拆下驱动电机后端盖

（7）取下前端盖，如图 1-1-11 所示。

图 1-1-11 取下前端盖

（8）使用压力机压出转子，如图 1-1-12 所示。

图 1-1-12 压出转子

2．驱动电机总成组装
（1）安装驱动电机转子及前端盖，用规定力矩拧紧。
（2）安装驱动电机后端盖，用规定力矩拧紧。
（3）安装驱动电机后部支架。
（4）安装接线盒与驱动电机之间的固定螺栓，旋转变压器盖板。

(5）安装三相动力线和接线盒上盖。
(6）安装驱动电机与减速驱动桥，并用规定力矩拧紧。

任务二　驱动电机更换

学习目标

知识目标：
1. 了解动力总成的结构。
2. 掌握交流异步电机的结构与原理。

能力目标：
1. 能够规范进行驱动电机的拆卸。
2. 能够规范进行驱动电机的安装。

素质目标：
1. 培养学生分析问题、解决问题的能力。
2. 培养学生的安全意识、规范意识和责任意识。

任务导入

一辆新能源汽车在车辆上电后无法行驶且机舱内有哗哗的刺耳声，于是便把车辆拖运到新能源汽车维修站进行检修，经过技师诊断，需要更换驱动电机。你知道如何安全、规范地更换驱动电机吗？

知识准备

一、动力总成的结构

电动汽车动力总成是指为电动汽车提供运行动力的装置，由驱动电机、电机控制器、减速器等组成，北汽新能源ARCFOX动力总成剖面图如图1-2-1所示。目前，大部分车型驱动电机与减速器是连接在一起的，采用驱动电机与驱动桥组合驱动布置形式，如图1-2-2所示。电机控制器可以是分体的，也可以是集成的，北汽新能源EU5的电机控制器集成到PEU内部，如图1-2-3所示。

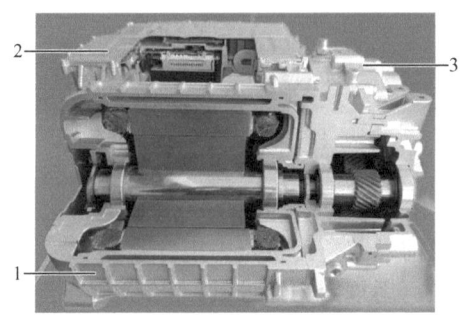

1—驱动电机；2—电机控制器；3—减速器

图1-2-1　北汽新能源ARCFOX动力总成剖面图

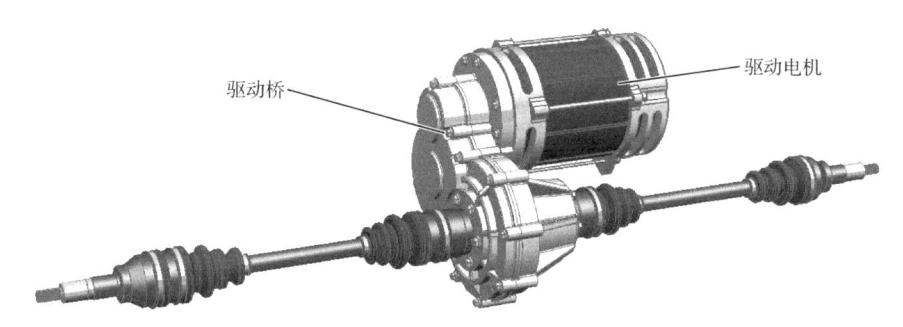

图 1-2-2　驱动电机与驱动桥组合驱动布置形式

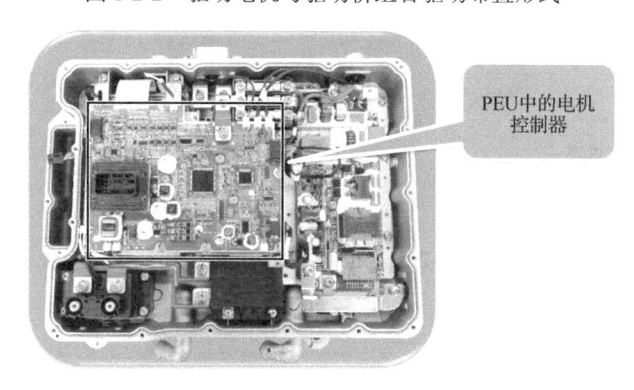

图 1-2-3　北汽新能源 EU5 的电机控制器在 PEU 内部位置图

二、交流异步电机的结构与原理

（一）交流异步电机的结构

交流异步电机主要由定子和转子两大部分组成，定子与转子之间有气隙，此外，还有端盖、轴承、风扇等部件，如图 1-2-4 所示。其中静止部分叫作定子，转动部分叫作转子。

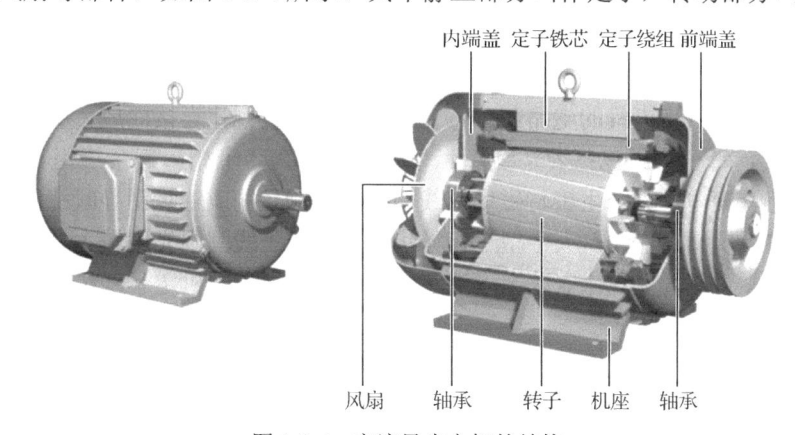

图 1-2-4　交流异步电机的结构

1. 定子

交流异步电机的定子主要由定子铁芯、定子绕组和机座三部分组成，如图 1-2-5 所示。

1）定子铁芯

定子铁芯是交流异步电机磁路的一部分，并在其上嵌放定子绕组。为了使交流异步电机产生较大的电磁转矩，定子铁芯一般由导磁性能好、表面涂有绝缘漆（0.35mm～0.5mm 厚）

的硅钢片叠压而成，如图 1-2-6 所示。采用硅钢片的目的是减少铁损，片间绝缘可减少铁芯的涡流损耗。定子铁芯内圆上有均匀分布的槽，用来嵌放定子绕组。

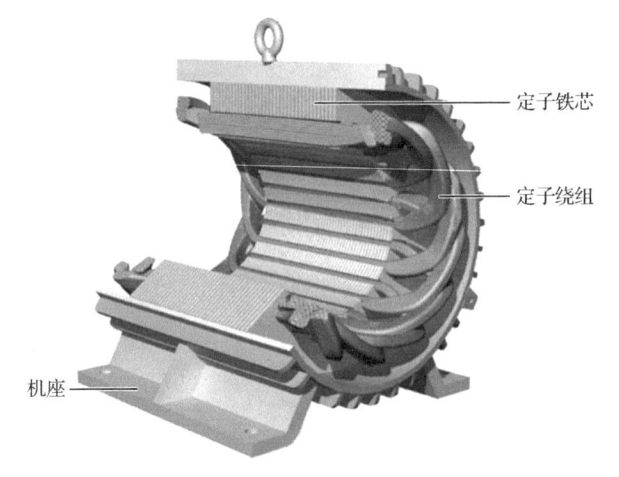

图 1-2-5　交流异步电机的定子

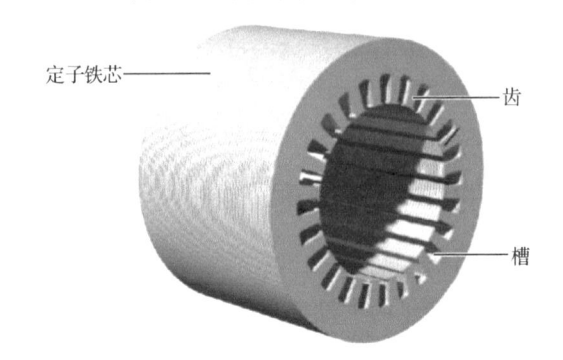

图 1-2-6　定子铁芯

2）定子绕组

定子绕组是交流异步电机的电路部分，它由线圈按一定规律连接而成。如三相异步电机有三个独立的绕组，每个绕组包括若干线圈。每个绕组称为一个相，三个绕组在空间互相间隔120°，通入三相交流电后会产生旋转磁场。线圈由绝缘铜导线或绝缘铝导线绕制而成。中小型三相异步电机多采用圆漆包线，大中型三相异步电机的定子线圈则先用较大截面的绝缘扁铜线或扁铝线绕制后，再按一定规律嵌入定子铁芯槽内。交流异步电机定子绕组如图 1-2-7 所示。

图 1-2-7　交流异步电机定子绕组

3）机座

机座主要用于固定定子铁芯和前、后端盖，支承转子并起到防护和散热等作用。

2. 转子

交流异步电机的转子主要由转子铁芯、转子绕组和转轴等部件组成，如图1-2-8所示。

图1-2-8　转子的结构

1）转子铁芯

转子铁芯也是电机磁路的一部分，并在转子铁芯槽内放置转子绕组，转子铁芯所用材料与定子铁芯一样，是由0.35mm～0.5mm厚的硅钢片冲制、叠压而成的，硅钢片外圆冲有均匀分布的孔，用来安置转子绕组。通常用定子铁芯冲落后的硅钢片内圆来冲制转子铁芯，转子铁芯的结构如图1-2-9所示。

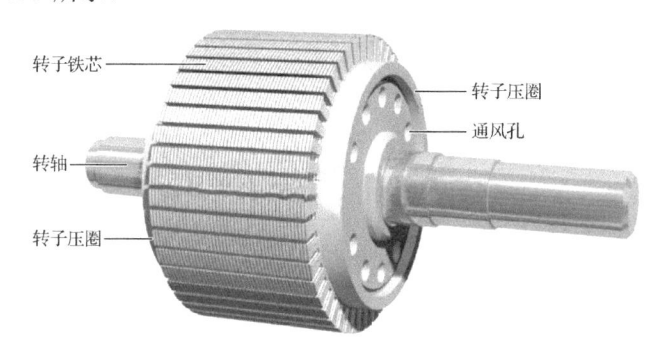

图1-2-9　交流异步电机转子铁芯的结构

转子铁芯与定子铁芯一样都是由彼此绝缘的硅钢片叠压而成的，但二者所处位置不同：定子铁芯装在机座内；转子铁芯装在转轴上。另外，定子铁芯与转子铁芯冲槽位置也不同。定子铁芯内圆表面冲有槽，用以放置定子绕组；转子铁芯外圆表面冲有槽，用以放置转子绕组。

2）转子绕组

转子绕组主要用于产生电磁转矩。三相电流产生的旋转磁场切割转子导体（铜或铝），便在其中感应出电动势和电流，转子电流同旋转磁场相互作用而产生的电磁转矩使电机转动起来。转子绕组分为鼠笼式转子绕组和绕线式转子绕组。

（1）鼠笼式转子绕组。

在转子铁芯的每一槽内插入一根铜条（称为铜导条），并在铁芯两端使用一个铜环（称为公司端环）把铜导条连接起来，形成一个闭合的多相（每根铜导条为一相）对称绕组，如图1-2-10所示。这种绕组称为铜条绕组也可用铸铝的方法，把转子导条、铝端环和风扇叶片用铝液一次浇铸成形，如图1-2-11所示，这种绕组称为铸铝绕组。

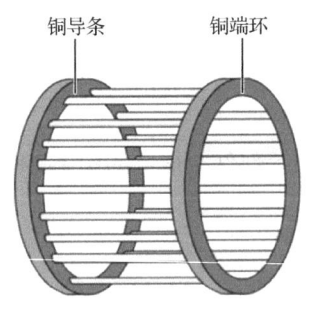

图 1-2-10　铜条绕组　　　　　　　　　图 1-2-11　铸铝绕组

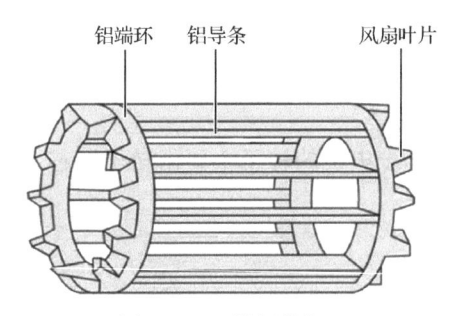

目前，中小型鼠笼式电机，大都是在转子槽中浇铸铝液而铸成的鼠笼，它的端环也用铝液同时铸成，并且在端环上铸出许多叶片构成冷却用的风扇，如图 1-2-11 所示。这样，不但可以简化制造工艺、以铝代铜，而且可以制成各种特殊形状的转子槽形，如斜槽结构转子（转子槽不与轴线平行而是歪扭一个角度），如图 1-2-12 所示，从而改善电机的启动性能，减少运行时的噪声。

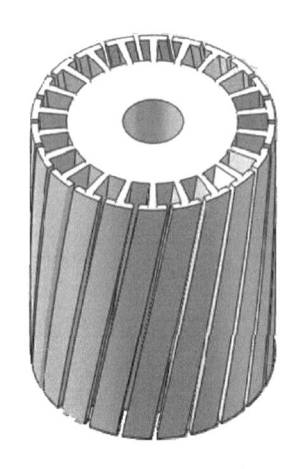

图 1-2-12　斜槽结构转子

（2）绕线式转子绕组。

绕线式转子绕组与定子绕组一样，也是由绝缘导线制成的三相绕组。三相绕组通常接成星形，它的三个引出线接到三个滑环上。这三个滑环也固定在转轴上，并且滑环与滑环之间、滑环与转轴之间都互相绝缘，三相绕组分别接到三个滑环上，靠滑环与电刷滑动接融，再与外电路的三相可变电阻器相接，以便改善电机的启动和调速性能，如图 1-2-13 所示。

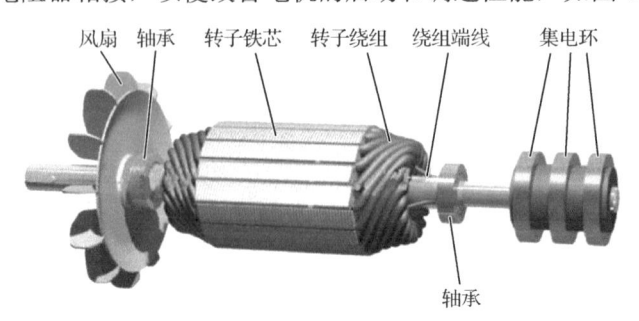

图 1-2-13　绕线式转子绕组

采用绕线式转子绕组的异步电机比鼠笼式异步电机结构复杂，成本也较高，但具有较好的启动性能，即启动电流较小、启动转矩较大，因此，绕线式电机适用于对启动有特殊要求的调速场合。

3．气隙

气隙并不是结构部件，是交流异步电机的定子与转子之间的空气隙。交流异步电机的气隙比直流电机的气隙小得多，一般仅为0.2～1.5mm，如图1-2-14所示。气隙大小对电机性能的影响很大，气隙太大时产生的气隙转矩小，会使电机运行时的功率因数降低；气隙太小时会引起装配困难，如果内有异物或转轴有径向移动则容易卡堵，导致电机运行不可靠，高次谐波磁场增强，引起附加损耗，使电机启动性能变差。

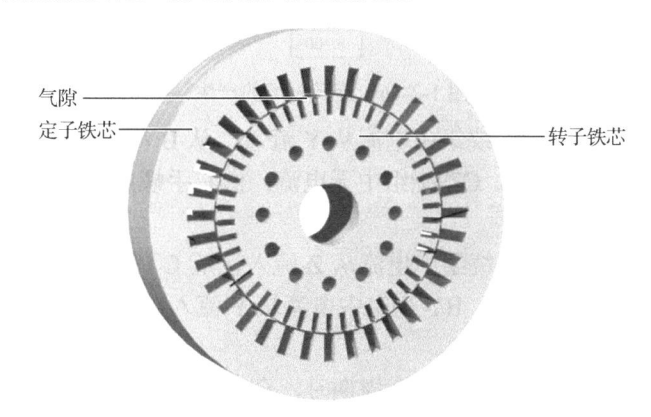

图1-2-14 气隙

（二）交流异步电机的工作原理

交流异步电机是根据电磁感应原理制成的，通过三相交流电的定子绕组所产生的旋转磁场切割电机转子，以获得转矩。由于交流异步电机类型多样，这里以三相交流异步电机为例，阐述其工作原理。

1．旋转磁场

1）旋转磁场的产生

图1-2-15所示为最简单的三相定子绕组AX、BY、CZ，定子绕组在空间按互相间隔120°的规律对称排列，并接成星形与三相电源U、V、W相连。随着三相对称电流在三相定子绕组中通过，在三相定子绕组中就会产生旋转磁场，如图1-2-16所示。

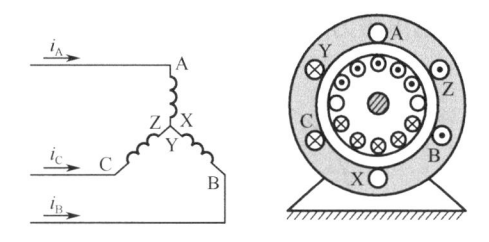

图1-2-15 三相定子绕组

当$\omega t=0°$时，$i_A=0$，AX绕组中无电流；i_B为负，BY绕组中的电流从Y流入，从B流出；i_C为正，CZ绕组中的电流从C流入，从Z流出；由右手螺旋定则可得合成磁场的方向向下。

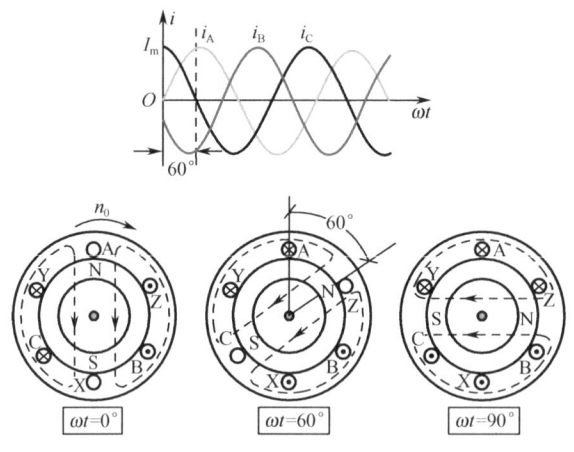

图 1-2-16 旋转磁场的产生

当 $\omega t=60°$ 时，i_B 为负，BY 绕组中电流从 Y 流入，从 B 流出；i_A 为正，AX 绕组中的电流从 A 流入，从 X 流出；$i_C=0$，CZ 绕组中无电流；由右手螺旋定则可得合成磁场的方向顺时针旋转了 60°。

当 $\omega t=90°$ 时，i_C 为负，CZ 绕组中电流从 Z 流入，从 C 流出；i_A 为正，AX 绕组中的电流从 A 流入，从 X 流出；i_B 为负，BY 绕组中电流从 Y 流入，从 B 流出；由右手螺旋定则可得合成磁场的方向逆时针旋转了 90°。

可见，当定子绕组中的电流变化一个周期时，合成磁场也按电流的相序方向在空间旋转一周。随着定子绕组中的三相电流不断地做周期性变化，产生的合成磁场也不断地旋转，因此成为旋转磁场。

2）旋转磁场的方向

旋转磁场的方向是由三相绕组中电流相序决定的，若想改变旋转磁场的方向，只要改变通入定子绕组的电流相序，即将三根电源线中的任意两根对调即可。这时，转子的旋转方向跟着改变。

2. 三相异步电机的工作过程

图 1-2-17 所示为三相异步电机的工作原理图。当三相异步电机的三相定子绕组通入三相交流电后，将产生一个旋转磁场，该旋转磁场切割转子绕组，从而在转子绕组中产生感应电动势，电动势的方向由右手定则来确定。由于转子绕组是闭合通路，转子中便有电流产生，电流方向与电动势方向相同，而载流的转子导体在定子旋转磁场作用下将产生电磁力，电磁力的方向可用左手定则确定。由电磁力进而产生电磁转矩，驱动电机旋转，并且电机旋转方向与旋转磁场方向相同。

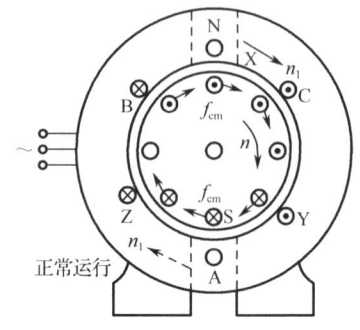

图 1-2-17 三相异步电机的工作原理图

三相异步电机的转子转速不等于定子旋转磁场的同步转速，这是三相异步电机的主要特点。如果电机转子轴上带有机械负载，则负载被电磁转矩拖动而旋转。当负载发生变化时，转子转速也随之发生变化，使转子导体中的电动势、电流和电磁转矩发生相应变化，以适应负载需要。因此，三相异步电机的转速是随负载变化而变化的。

三相异步电机的转子转速与定子旋转磁场的同步转速之间存在转速差，它的大小决定着转子电动势及其频率的大小，直接影响三相异步电机的工作状态。通常将转速差与同步转速的比值，用转差率表示，即：

$$S = \frac{n_1 - n}{n_1}$$ （1-2-1）

式中，S——转差率；

n_1——定子旋转磁场的同步转速，r/min；

n——转子转速，r/min。

转差率是三相异步电机运行时的一个重要物理量。异步电机运行时，$0<S<1$；在额定负载条件下运行时，一般转差率为 0.01～0.06。

任务实施

一、任务内容

1．新能源汽车驱动电机拆卸。
2．新能源汽车驱动电机安装。

二、任务准备

1．防护装备：绝缘鞋、防护眼镜、绝缘手套、防酸碱手套。
2．设备及工具：吉利帝豪 EV300 或其他新能源汽车一辆、新能源汽车维修组合工具、电机托顶。
3．辅助材料：高压电维修警示牌、绝缘垫、灭火器、清洁剂。

三、实施步骤

1．拆卸驱动电机
（1）打开前机舱盖。
（2）操作空调制冷剂的回收程序。
（3）断开蓄电池负极电缆。
（4）拆卸维修开关。
（5）拆卸电机控制器上盖。
（6）拆卸电机控制器。
（7）拆卸三相线束，如图 1-2-18 所示。
（8）拆卸充电机。
（9）拆卸机舱底部护板。

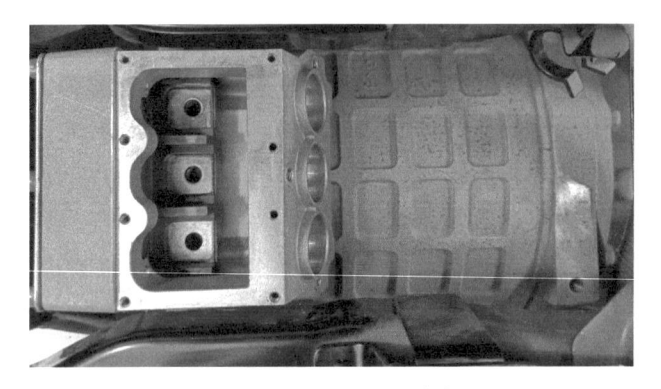

图 1-2-18 拆卸三相线束

（10）拆卸压缩机，如图 1-2-19 所示。

图 1-2-19 拆卸压缩机

（11）拆卸纵梁，如图 1-2-20 所示。

图 1-2-20 拆卸纵梁

（12）拆卸右前轮轮胎，如图 1-2-21 所示。

图 1-2-21　拆卸右前轮轮胎

（13）拆卸右前驱动轴。
（14）拆卸制动真空泵。
（15）脱开电机冷却水管，这时需在车辆底部放置容器，接住防冻液，如图 1-2-22 所示。

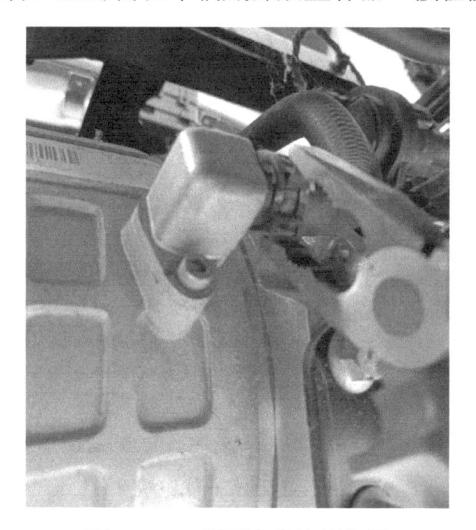

图 1-2-22　脱开电机冷却水管

（16）断开电机低压线束连接器，如图 1-2-23 所示。

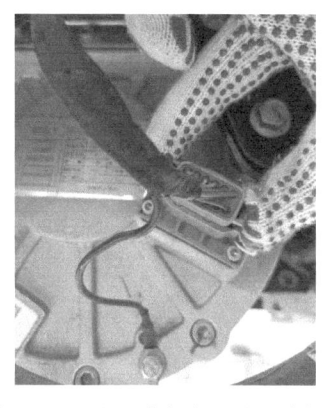

图 1-2-23　断开电机低压线束连接器

（17）拆卸电机搭铁线束固定螺栓，脱开电机搭铁线束，如图1-2-24所示。

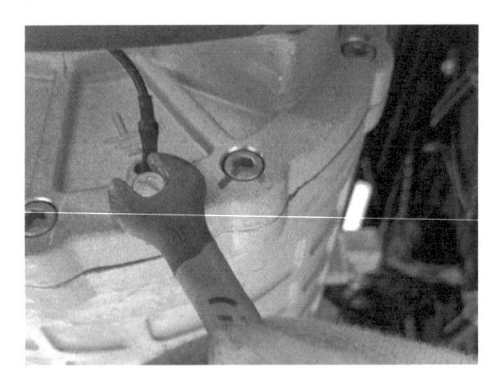

图1-2-24　脱开电机搭铁线束

（18）使用托顶从下方托住电机，如图1-2-25所示。

图1-2-25　托住电机

（19）拆卸前悬置支架电机侧4个固定螺栓，如图1-2-26所示。

图1-2-26　拆卸前悬置支架电机侧固定螺栓

（20）拆卸减速器前部 4 个固定螺栓，如图 1-2-27 所示。

图 1-2-27　拆卸减速器前部固定螺栓

（21）拆卸减速器后部 3 个固定螺栓，如图 1-2-28 所示。

图 1-2-28　拆卸减速器后部固定螺栓

（22）拆卸电机右固定支架上部 3 个固定螺栓，如图 1-2-29 所示。

图 1-2-29　拆卸电机右固定支架上部固定螺栓

（23）拆卸电机右固定支架下部 4 个固定螺栓，取下电机右固定支架，如图 1-2-30 所示。

图 1-2-30 拆卸电机右固定支架下部固定螺栓

（24）用合适的工具轻撬减速器与电机接合处，抽出电机，如图 1-2-31 所示。

图 1-2-31 抽出电机

2．安装驱动电机

（1）在电机与减速器对接面涂胶密封。
（2）装配电机，使电机输出轴花键插入减速器输入轴。
（3）紧固减速器前部 4 个固定螺栓，力矩为 55N·m。
（4）紧固减速器后部 3 个固定螺栓，力矩为 55N·m。
（5）放置电机右固定支架，紧固电机右固定支架上部 3 个固定螺栓，力矩为 65N·m。
（6）紧固电机右固定支架下部 4 个固定螺栓，力矩为 55N·m。
（7）紧固前悬置支架电机侧 4 个固定螺栓，力矩为 55N·m。
（8）连接电机 2 根冷却水管，安装水管环箍。
（9）连接电机低压线束连接器。
（10）连接电机搭铁线束，紧固电机搭铁线束固定螺栓，力矩为 8N·m。
（11）安装制动真空泵。
（12）安装右前驱动轴。
（13）加注减速器油。
（14）安装右前轮轮胎。
（15）安装纵梁。
（16）安装压缩机。

（17）安装机舱底部护板。
（18）安装电机控制器。
（19）安装充电机。
（20）安装电机控制器上盖。
（21）安装三相线束。
（22）加装冷却液。
（23）安装维修开关。
（24）连接蓄电池负极电缆。
（25）操作空调制冷剂加注程序。
（26）关闭前机舱盖。

任务三　驱动电机性能检测

学习目标

知识目标：
1．了解动力总成布置形式。
2．掌握永磁同步电机的结构与原理。

能力目标：
1．能够规范进行驱动电机定子绕组检测。
2．能够规范进行旋转变压器检测。
3．能够规范进行电机温度传感器检测。
4．能够规范进行电机绝缘检测。

素质目标：
1．培养学生的团队合作意识。
2．培养学生的安全意识、规范意识和责任意识。

任务导入

一辆新能源汽车在行驶过程中出现加速无力的故障，车主把车辆开到新能源汽车维修站进行检修，经过技师初步诊断，确定驱动电机性能不达标，需要进一步检测驱动电机性能，你知道如何安全、规范地对驱动电机的性能进行检测吗？

知识准备

一、动力总成布置形式

电动汽车结构布置灵活多变，概括起来分为电机中央驱动和电动轮驱动两种形式。电机中央驱动形式借用了内燃机汽车的驱动方案，将内燃机换成电机及其相关器件，仅有一台电机，电机驱动系统的体积、质量和成本可以最小化，另外控制简单，差速、转向等可借用传统汽车的成熟控制技术,但这种形式的机械传动装置笨重、效率低。而电动轮驱动形式的机械传动装置较电机中央驱动形式的可减小一台电机的体积和质量,省去机械传动部分,效率显著提高,使传动系统得到简化,但是增加了控制系统的复杂程度与成本。

目前纯电动汽车驱动电机的布置形式分为传统驱动布置形式、电机与驱动桥组合驱动布置形式、电机与驱动桥集成驱动系统布置形式、轮边电机驱动布置形式、轮毂电机驱动布置形式等。

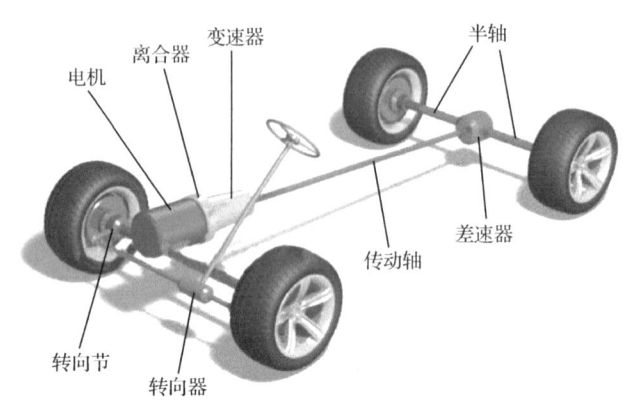

1. 传统驱动布置形式

传统驱动布置形式如图 1-3-1 所示,与传统汽车的布置形式基本相同,通常是在传统汽车的基础上改装而成的,把电机放在原燃油发动机的位置,这种布置形式可以提高纯电动汽车的起动转矩,提高低速时纯电动汽车的后备功率。这种布置形式有电机前置-驱动桥前置、电机前置-驱动桥后置等驱动模式。但是这种布置形式结构复杂、效率低,不能充分发挥驱动电机的性能。现在纯电动汽车很少采用这种布置形式。在此基础上还有一种简化的传统驱动布置形式,采用固定速比减速器,去掉离合器,这种布置形式可减少机械传动装置的质量,缩小其体积。

图 1-3-1 传统驱动布置形式

2. 电机与驱动桥组合驱动布置形式

电机与驱动桥组合驱动布置形式如图 1-3-2 所示,这种布置形式在驱动电机端盖的输出轴处加装减速齿轮和差速器等,电机、固定速比减速器、差速器的轴互相平行,一起组合成一个驱动整体。它通过固定速比减速器来放大驱动电机的输出转矩,但没有可选的变速挡位,也就省掉了离合器。这种布置形式的机械传动结构紧凑,传动效率较高,便于安装。但这种布置形式对驱动电机的调速要求较高。按传统汽车的驱动模式来说,可以有驱动电机前置-驱动桥前置或驱动电机后置-驱动桥后置两种方式。这种布置形式具有良好的通用性和互换性,便于在现有的汽车底盘上安装,使用、维修也较方便。

3. 电机与驱动桥集成驱动系统布置形式

电机与驱动桥集成驱动系统布置形式如图 1-3-3 所示,把电机、固定速比减速器和差速器集成为一个整体,并与驱动轴同轴,通过两根半轴驱动车轮。集成系统组成后驱动桥,安装在后车轴位置。这种布置形式有同轴式和双联式两种。

同轴式驱动系统的电机轴是一种特殊的空心轴,在电机左端输出轴处的装置有减速齿轮和差速器,由差速器带动左右半轴(直接带动左半轴,通过电机的空心轴来带动右半轴)。

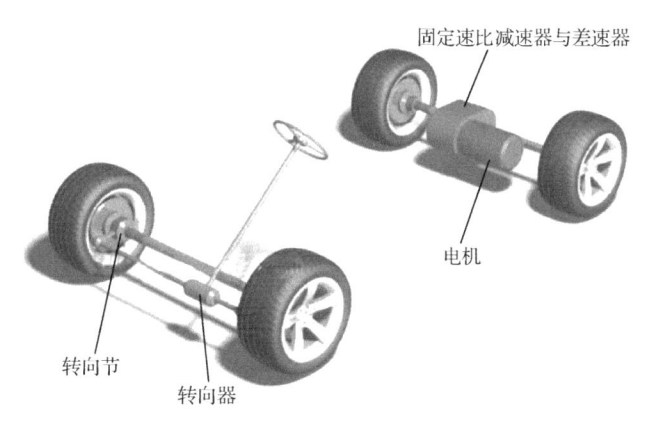

图 1-3-2　电机与驱动桥组合驱动布置形式

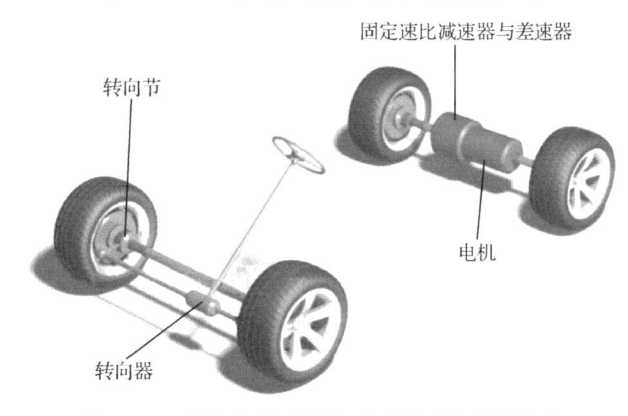

图 1-3-3　电机与驱动桥集成驱动系统布置形式

双联式驱动系统也称为双电机驱动系统，由左、右 2 台永磁电机直接通过固定速比减速器分别驱动车轮，左、右 2 台电机由中间的电子差速器控制，对每个驱动电机的转速可以独立地调节控制，便于实现电子差速，不必选用机械差速器。

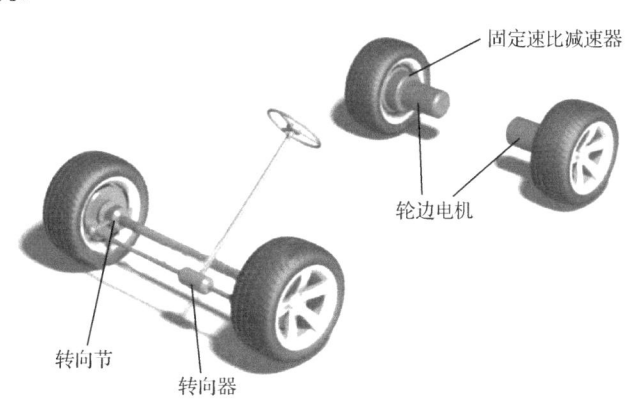

4．轮边电机驱动布置形式

轮边电机驱动布置形式如图 1-3-4 所示，这是一种双电机驱动形式，由左、右 2 台电机直接通过固定速比减速器分别驱动两个车轮，电机直接连接轮毂，两个车轮没有直接相连，这种电机称为轮边电机。

图 1-3-4　轮边电机驱动布置形式

对每个电机的转速可以独立地调节控制,通过电子差速器来解决左、右半轴的差速问题,无须配置机械差速器,在复杂的路况上可以获得更好的整车动力性能,由于采用电子差速器,传动系体积进一步减小,节省了空间,质量也进一步减轻,提高了传动效率。

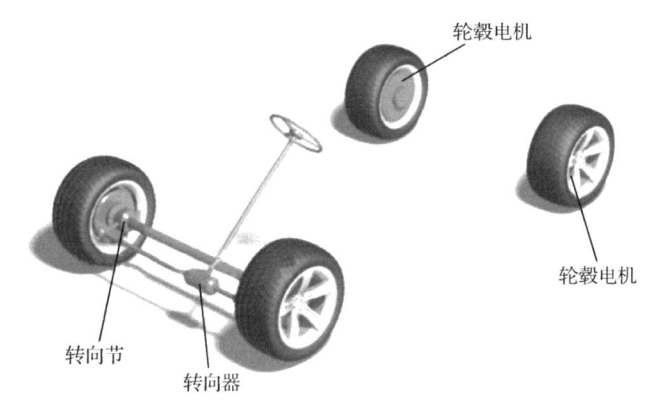

5. 轮毂电机驱动布置形式

轮毂电机驱动布置形式如图 1-3-5 所示,把电机设计成饼状,直接安装在车轮的轮毂中,称这种电机为轮毂电机,电机一端直接与车轮毂固定在一起,另一端直接安装在悬架上。这种布置形式进一步缩短了电机和车轮之间的机械传动距离,进一步节省了空间。

图 1-3-5　轮毂电机驱动布置形式

二、永磁同步电机的结构与原理

(一)永磁同步电机的结构

永磁同步电机与直流电机、交流异步电机一样,也是由定子和转子两大部分构成的。永磁同步电机的结构如图 1-3-6 所示。

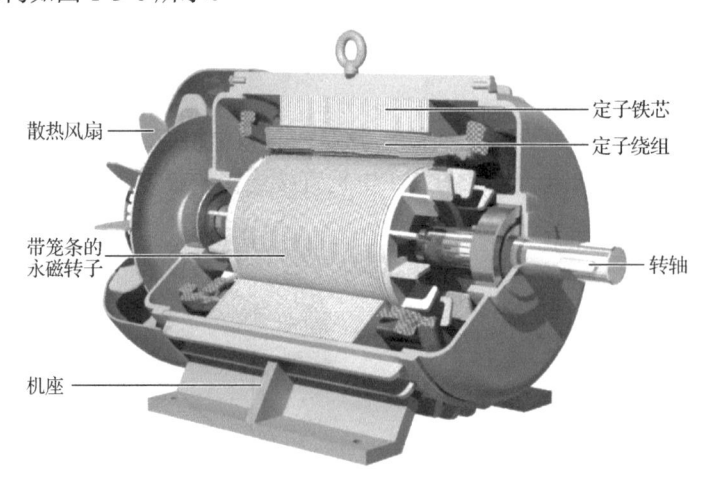

图 1-3-6　永磁同步电机的结构

1. 定子

永磁同步电机的定子由导磁的定子铁芯和导电的定子绕组等部件构成。其他部件是指固定定子铁芯和定子绕组的一些部件,如机座等。永磁同步电机的定子结构如图 1-3-7 所示。

图 1-3-7　永磁同步电机的定子结构

1）定子铁芯

永磁同步电机的定子铁芯一般采用 0.5mm 硅钢片叠压而成。当定子铁芯外径大于 1mm 时，用扇形的硅钢片拼成一个整圆。在叠装时，把每层按缝错开，以减少铁芯的涡流损耗。定子铁芯的内圆开有槽，槽内放置定子绕组，定子槽一般都做成开口槽，便于嵌线。定子铁芯如图 1-3-8 所示。

图 1-3-8　定子铁芯

2）定子绕组

永磁同步电机的定子绕组由许多线圈连接而成，每个线圈又是由多股铜线绕制而成的，放在槽里的导体靠槽楔来压紧固定，其端部用支架固定，如图 1-3-9 所示。其定子绕组与绕线式三相同步电机的定子绕组一样，通入交流电即产生旋转磁场。

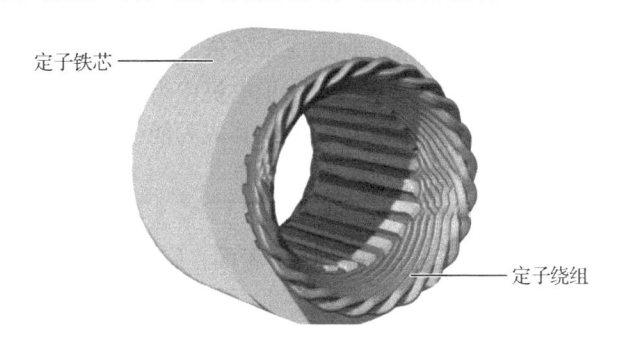

图 1-3-9　永磁同步电机的定子铁芯与定子绕组

2. 转子

永磁同步电机与其他电机最大的不同是转子结构，即转子上安装有永磁体磁极。因此，永磁同步电机的转子主要由永磁体、转子铁芯和转轴等部件构成，如图 1-3-10 所示。

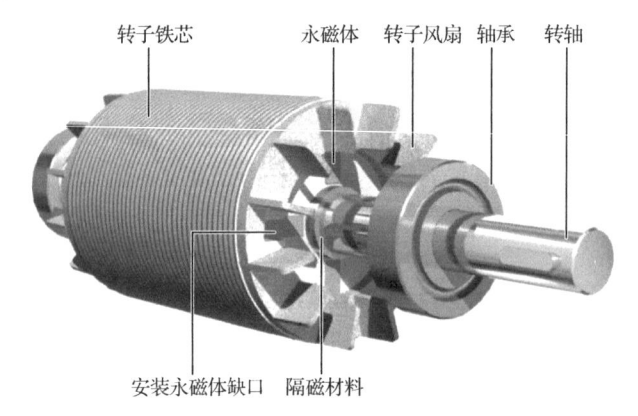

图 1-3-10 永磁同步电机的转子结构

因为永磁同步电机基本都采用逆变器电源驱动，若用整体钢材会产生涡流损耗，所以永磁体转子铁芯中，永磁体主要采用铁氧体永磁材料和钕铁硼永磁材料制造，转子铁芯可根据磁极结构的不同，选用实心钢，或采用钢板（或硅钢片）冲制后叠压而成。以下将对不同形式的永磁转子进行详细介绍。

1）表面凸出式永磁转子

表面凸出式永磁转子的磁极安装在转子铁芯圆周表面上，磁极的极性与磁通走向如图 1-3-11 所示。根据磁阻最小原理，即磁通总是沿磁阻最小的路径闭合，利用磁力拉动转子旋转，于是永磁转子就会跟随定子产生的旋转磁场旋转。

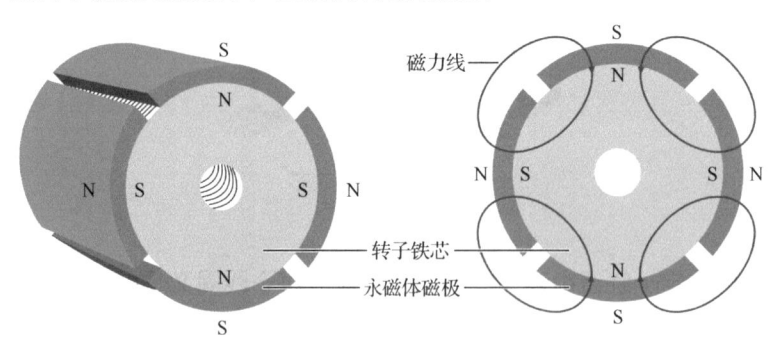

图 1-3-11 表面凸出式永磁转子磁极的极性与磁通走向

表面凸出式永磁转子具有结构简单、制造成本较低、转动惯量小等优点，在矩形波永磁同步电机和恒功率运行范围不宽的正弦波永磁同步电机中得到了广泛应用。此外，表面凸出式永磁转子中的永磁体磁极易于实现最优设计，使其成为能使电机气隙磁密波形趋近于正弦波的磁极，可显著提高电机乃至整个传动系统的性能。

2）表面嵌入式永磁转子

表面嵌入式永磁转子的磁极嵌装在转子铁芯表面，磁极的极性与磁通走向如图 1-3-12 所示。

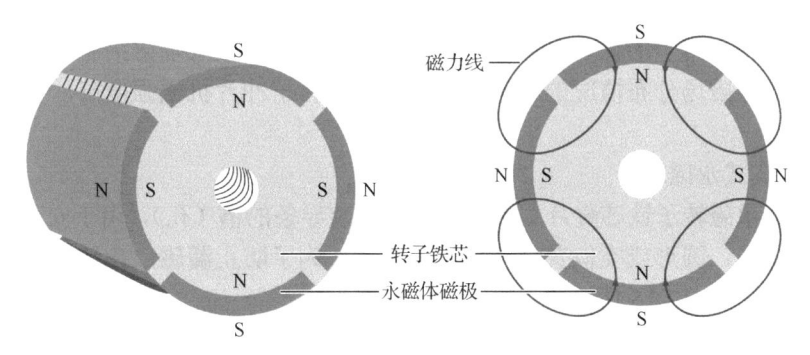

图 1-3-12 表面嵌入式永磁转子磁极的极性与磁通走向

表面嵌入式永磁转子可充分利用转子磁路不对称所产生的磁阻转矩,提高电机的功率密度,动态性能较表面凸出式永磁转子有所改善,制造工艺也较简单,常被某些调速永磁同步电机采用,但漏磁系数和制造成本都较表面凸出式永磁转子大。

表面凸出式与表面嵌入式永磁转子磁路结构中,永磁体通常呈瓦片形,并位于转子铁芯的外表面,永磁体提供磁通的方向为径向。

3) 内置径向式永磁转子

内置径向式永磁转子开有安装永磁体的槽,并且为防止漏磁,在转子铁芯上还开有隔磁空气槽,槽内也可填充隔磁材料,如图 1-3-13 所示。

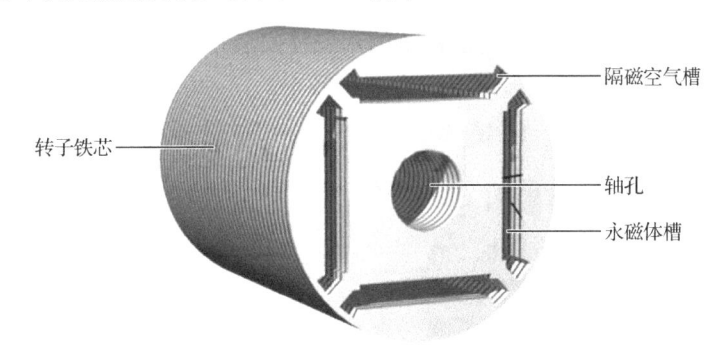

图 1-3-13 内置径向式永磁转子铁芯的结构

把永磁体插入内置径向式永磁转子的安装槽后,其磁极的极性与磁通走向如图 1-3-14 所示。由此图也可看出,隔磁空气槽在减小漏磁方面的作用。

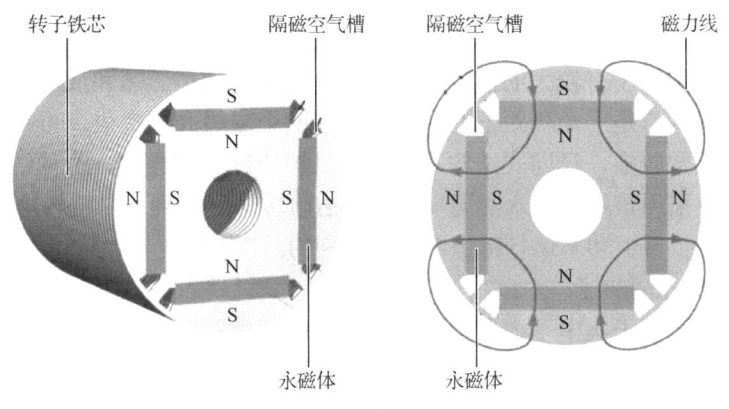

图 1-3-14 内置径向式永磁转子磁极的极性与磁通走向

内置径向式永磁转子的优点是漏磁系数小，转轴上不需采取隔磁措施，极弧系数（在一个极距下实际气隙磁场分布情况的系数）易于控制，转子冲片机械强度高，安装永磁体后转子不易变形等。

4）内置切向式永磁转子

内置切向式永磁转子铁芯叠片周围冲有许多安装导条的槽（孔），用于安装笼型绕组。槽的形状可分为方形、圆形或类似普通转子的嵌线槽。为了防止漏磁，在转轴与转子铁芯间加装有隔磁材料，如图 1-3-15 所示。

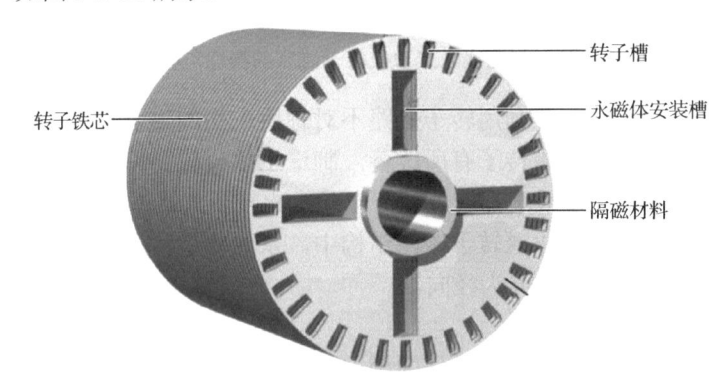

图 1-3-15 内置切向式永磁转子铁芯的结构

把永磁体插入内置切向式永磁转子铁芯的永磁体安装槽内后，其磁极的极性与磁通走向如图 1-3-16 所示。由图 1-3-16 可知这是一个 4 极转子。

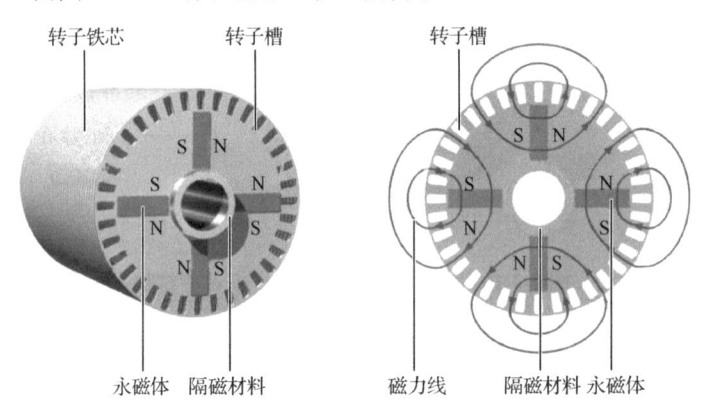

图 1-3-16 内置切向式永磁转子磁极的极性与磁通走向

内置切向式永磁转子有较大的惯性，漏磁系数较大，制造工艺和成本较内置径向式永磁转子有所增加。其优点是一个极距下的磁通由相邻两个磁极并联提供，可得到更大的每极磁通。尤其当电机极数较多、径向式结构不能提供足够的每极磁通时，这种结构的优势就显得更为突出。此外，采用该结构的永磁同步电机的磁阻转矩可占到总电磁转矩的 40%，对提高电机的功率密度和扩展恒功率运行范围都是很有利的。

5）内置混合式永磁转子

内置混合式永磁转子集中了内置径向式永磁转子和内置切向式永磁转子的优点，但结构和制造工艺都比较复杂，制造成本也比较高，因此不展开介绍。内置混合式永磁转子的结构如图 1-3-17 所示。

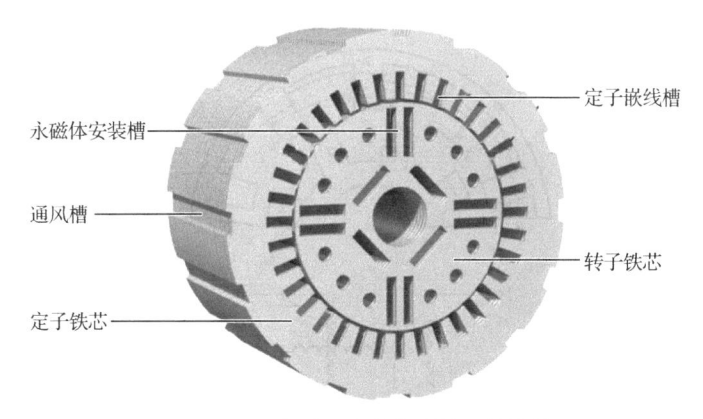

图 1-3-17　内置混合式永磁转子的结构

内置混合式永磁转子的永磁体嵌装在转子铁芯内部，铁芯内开有安装永磁体的槽，在每种形式中又有采用多层永磁体组合的方式，一般大型电机中用的都是内置混合式永磁转子。

（二）旋转变压器

旋转变压器安装在驱动电机上，是一种电磁式传感器，又称为同步分解器，主要由定子和转子组成，其中定子绕组作为旋转变压器的一次绕组，转子绕组作为旋转变压器的二次绕组，一次、二次绕组之间的电磁耦合程度与转子的转角有关，因此，转子绕组的输出电压也与转子的转角有关，所以旋转变压器可以用来测量旋转物体的转轴角位移和角速度。在电动汽车上，使用旋转变压器作为测量驱动电机转速的元件，并将转速信号传递给电机控制器，其安装位置如图 1-3-18 所示。

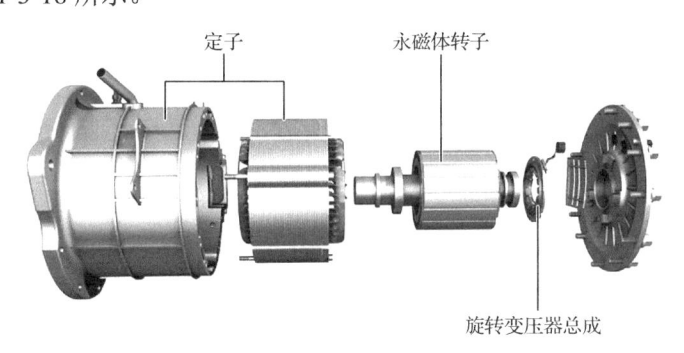

图 1-3-18　旋转变压器安装位置

旋转变压器的工作原理和普通变压器相似，区别在于普通变压器的一次、二次绕组是相对固定的，所以输出电压和输入电压之比是常数。而旋转变压器的一次、二次绕组的相对位置随转子的角位移的变化而发生改变，因而其输出电压的大小随转子角位移的变化而发生变化，输出绕组的电压幅值与转子转角呈正弦、余弦函数关系，或保持某一比例关系。其中定子绕组作为旋转变压器的一次绕组，接收励磁电压。转子绕组作为旋转变压器的二次绕组，通过电磁耦合得到感应电压。

磁阻式旋转变压器有励磁、正弦、余弦三个绕组，如图 1-3-19 所示。定子槽内安置了逐槽反向串接的输入绕组 1-1 和两个间隔绕制反向串接的输出绕组 2-2、3-3。当给输入绕组 1-1 加上交流正弦电压时，两个输出绕组 2-2、3-3 中分别得到两个电压，其幅值主要取决于定子和转子齿的相对位置间气隙磁导的大小。

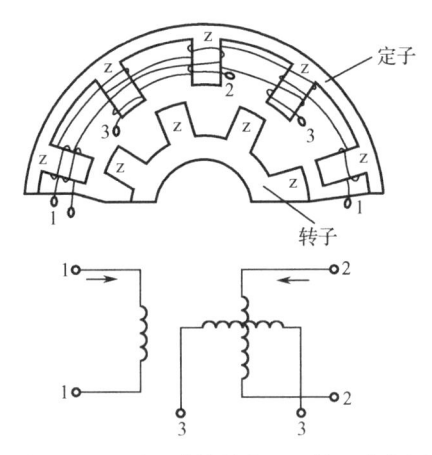

图 1-3-19 磁阻式旋转变压器的三个绕组

如图 1-3-20 所示，电机转子与旋转变压器转子一同转动时，旋转变压器转子转过定子绕组，改变了定子绕组与转子之间的磁通，使得正弦绕组和余弦绕组受到励磁绕组感应，信号幅值产生一定变化，呈正弦和余弦波形。波形的幅值和相位随与电机转子同转的旋转变压器转子的变化而变化，因此可以准确判断出电机转子的位置、转速及方向。

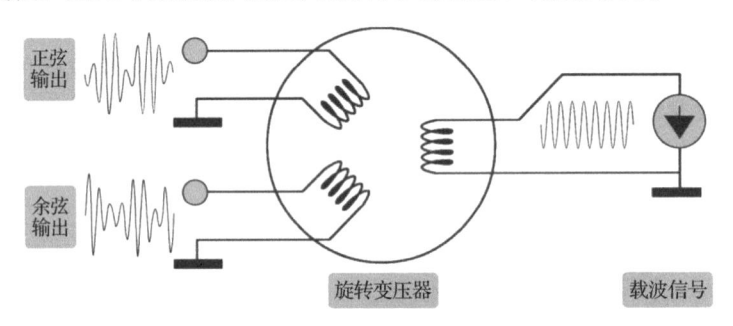

图 1-3-20 旋转变压器信号波形

从转子输出正弦、余弦信号就需要电刷，称为有刷旋转变压器。为了去掉电刷，实际应用中多采用无刷旋转变压器，无刷旋转变压器一般分为绕线式旋转变压器（同步电机多用）和磁阻式旋转变压器（异步电机多用），其结构如图 1-3-21 和图 1-3-22 所示。

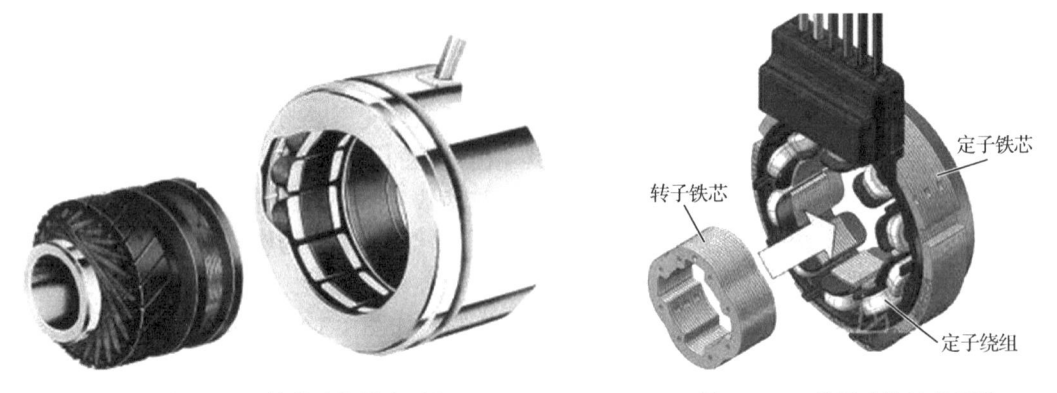

图 1-3-21 绕线式旋转变压器　　　　图 1-3-22 磁阻式旋转变压器

1）绕线式旋转变压器

如图 1-3-23 所示，环形变压器 A 与旋转变压器 B 的转子绕组彼此相连。给定子加励磁电压 U，转子将感应的励磁信号传递给旋转变压器 B；当转子旋转一个角度时，定子两套互相垂直的绕组将输出信号，其幅值分别与正弦信号和余弦信号的幅值成正比。

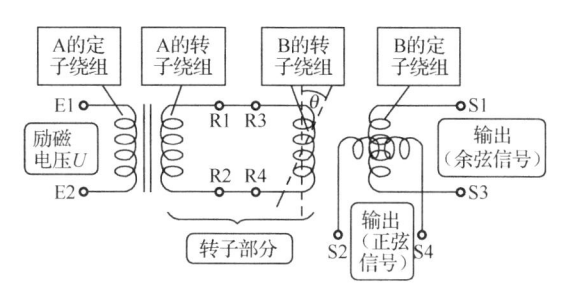

图 1-3-23　绕线式旋转变压器原理图

2）磁阻式旋转变压器

磁阻式旋转变压器的励磁绕组与正弦绕组、余弦绕组都安装在定子上，转子上仅有铁芯而无绕组。励磁绕组通以高频电压（1kHz～10kHz）。

磁阻式旋转变压器的定子通常有若干齿（槽），里面绕上线圈。转子表面做成一定凸极形状，使得气隙磁阻（及气隙磁通密度）沿圆周基本按正弦规律变化。并且通常定子齿数与转子极数不同。如图 1-3-24 所示，定子有 14 个齿，转子有 5 个凸极，相当于 5 对磁极。转子每转过一个凸极，气隙磁阻就变化一个周期。

图 1-3-24　磁阻式旋转变压器结构

励磁绕组与两个输出绕组（正弦绕组、余弦绕组）的关系，就像变压器的一次绕组与两个二次绕组的关系。它们按一定规律绕在定子齿上，通常每个齿都绕上励磁线圈，但正弦绕组、余弦绕组彼此要错开一定齿数以确保二者感应电势幅值（与气隙磁通密度的分布有关）对应的相位差 90°。当转子转动时，输出绕组的正弦、余弦信号与前面绕线式旋转变压器相同。励磁信号与两个输出信号（正弦信号、余弦信号）如图 1-3-25 所示。

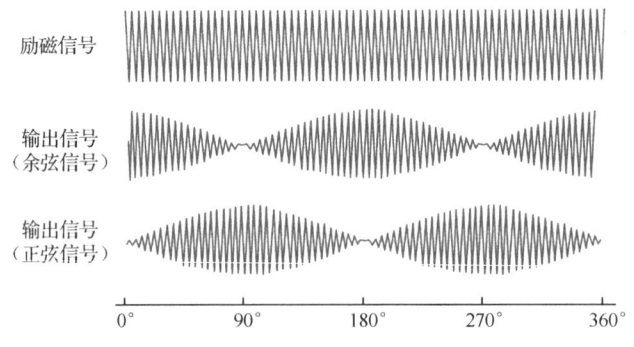

图 1-3-25 励磁信号与两个输出信号（正弦信号、余弦信号）

（三）永磁同步电机旋转原理

在永磁同步电机系统中，电机的旋转主要靠控制单元控制，即控制器将输入的直流电逆变成电压、频率可调的三相交流电，供给三相交流永磁同步电机。

由电机控制器输出的频率和幅值可变的三相交流电使电机的定子产生旋转磁场。根据磁极异性相吸、同性相斥的原理，不论定子旋转磁极与永磁体磁极起始相对位置如何，定子旋转磁极总会通过磁力拖着转子同步旋转，故称为永磁同步电机，其工作示意图如图 1-3-26 所示。

永磁同步电机工作原理如图 1-3-27 所示。当定子上的一对磁极，上部为 N 极，下部为 S 极时，会吸引转子到当前位置即转子 S 极向上，N 极向下。在有负载状态下，定子旋转磁场在转速上稍微领先转子一点，吸引转子同步旋转，在理想空载状态下转子与旋转磁场是完全同步的，转子主动旋转时，转子磁场会切割定子绕组从而产生感应电动势，此时电机状态为发电机，新能源汽车再生制动就是利用了这个原理。

图 1-3-26 永磁同步电机工作示意图 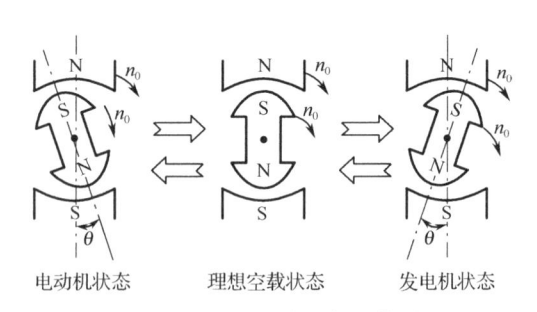　　图 1-3-27 永磁同步电机工作原理

任务实施

一、任务内容

1. 驱动电机定子绕组检测。
2. 旋转变压器检测。
3. 电机温度传感器检测。
4. 电机绝缘检测。

二、任务准备

1. 防护装备：绝缘鞋、防护眼镜、绝缘手套、防酸碱手套。
2. 设备及工具：吉利帝豪 EV300 或其他新能源汽车一辆、新能源汽车维修组合工具、万用表、绝缘表。
3. 辅助材料：高压电维修警示牌、绝缘垫、干粉灭火器、清洁剂。

三、实施步骤

1. 驱动电机定子绕组检测

（1）断开低压蓄电池负极。

（2）拆卸手动维修开关，等待 5 分钟。

（3）拆卸电机控制器上盖 8 个螺栓，取出上盖，如图 1-3-28 所示。

图 1-3-28　取出上盖

（4）将万用表旋至电阻挡，校正万用表，如图 1-3-29 所示。

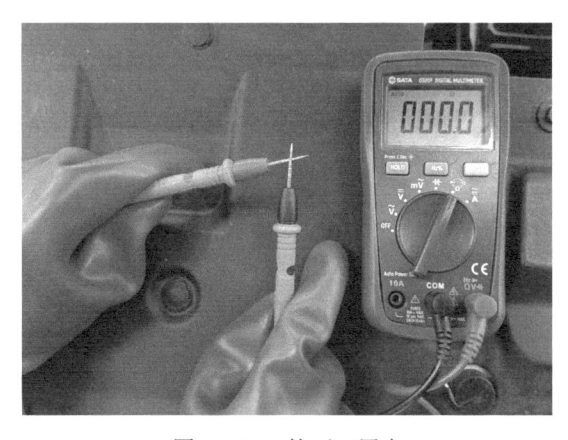

图 1-3-29　校正万用表

（5）将万用表旋至交流电压挡，测量 U、V、W 三相线束端子间电压，要确保每个端子间电压值为 5V 以下才可以继续拆卸，如图 1-3-30 所示。

图 1-3-30　测量 U、V、W 三相线束端子间电压

（6）测量 U、V、W 三相线束端子与搭铁之间的电压，如图 1-3-31 所示。

图 1-3-31　测量 U、V、W 三相线束端子与搭铁之间的电压

（7）将万用表旋至直流电压挡，测量高压线束端子之间的电压，如图 1-3-32 所示。

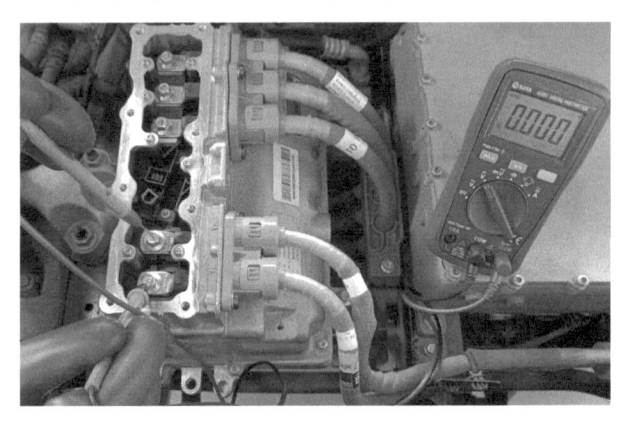

图 1-3-32　测量高压线束端子之间的电压

（8）测量直流高压线束端子与搭铁之间的电压，如图 1-3-33 所示。

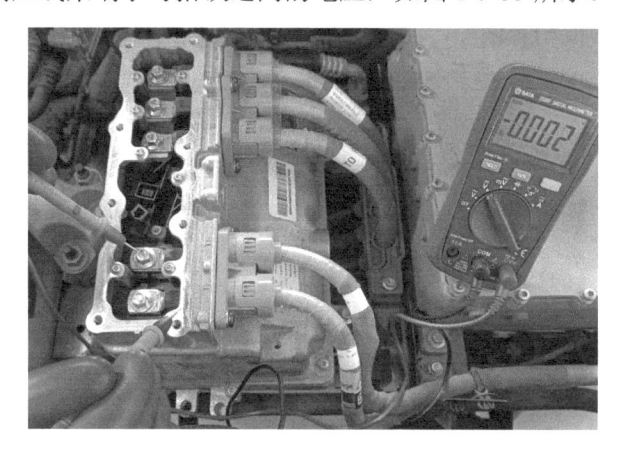

图 1-3-33　测量直流高压线束端子与搭铁之间的电压

（9）拆卸电机控制器侧电机三相线束端子固定螺栓，如图 1-3-34 所示。

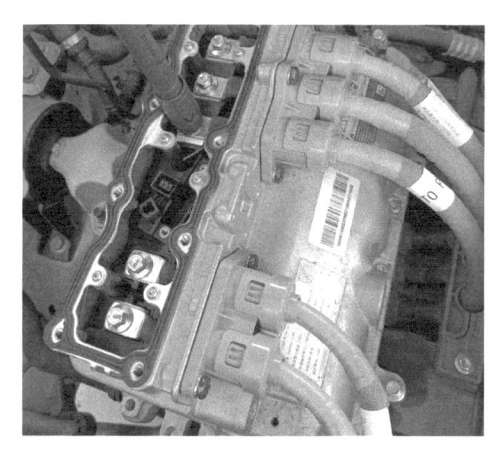

图 1-3-34　拆卸三相线束端子固定螺栓

（10）拆卸将电机三相线束固定在电机控制器外壳上的螺栓，并抽出 3 根电机线束，如图 1-3-35 所示。

图 1-3-35　抽出 3 根电机线束

（11）使用万用表电阻挡，测量 U、V、W 三相线束端子间的电阻，如图 1-3-36 所示。测出的三相电阻值应相等或稍有偏差，若三相电阻值差别较大，则说明电机可能存在匝间短路。

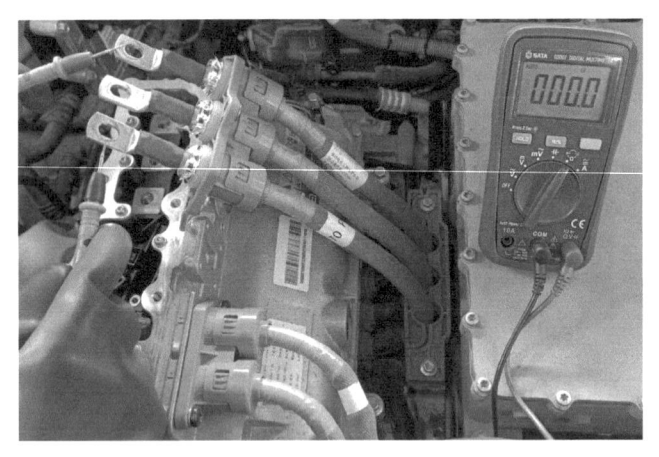

图 1-3-36　测量 U、V、W 三相线束端子间的电阻

（12）校正万用表，将黑表笔与驱动电机壳体连接起来，将红表笔与车身搭铁点连接起来，观察万用表数值变化，测试壳体的连通性，如图 1-3-37 所示。

图 1-3-37　测试壳体的连通性

（13）将红表笔分别与 U、V、W 三相线束连接，测试每一相和壳体之间的电阻值，数值应不显示或为无限大，否则存在对地短路，如图 1-3-38 所示。

图 1-3-38　测试每一相和壳体之间的电阻值

2．旋转变压器检测

（1）断开低压蓄电池负极，举升车辆，拆卸帝豪 EV300 驱动电机低压线束连接器，如图 1-3-39 所示，驱动电机低压端子排列如图 1-3-40 所示，低压端子定义如表 1-3-1 所示。

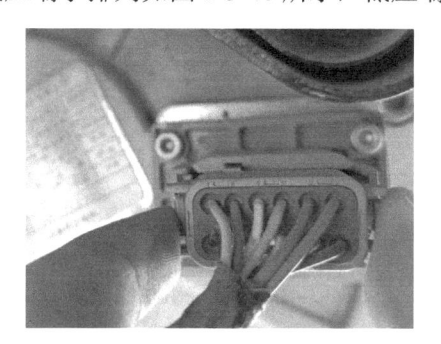

图 1-3-39　拆卸驱动电机低压线束连接器

图 1-3-40　帝豪 EV300 驱动电机低压端子排列

表 1-3-1　驱动电机低压端子定义表

端　子　号	端　子　定　义
1	NTC 温度传感器 1
2	
3	NTC 温度传感器 2
4	
5	屏蔽
6	
7	余弦绕组
8	
9	正弦绕组
10	
11	励磁绕组
12	

（2）余弦绕组阻值检测。

用万用表欧姆挡测量电机 12 针插件 7 号与 8 号端脚之间的电阻，如图 1-3-41 所示，正常值为 14.5±1.5Ω。

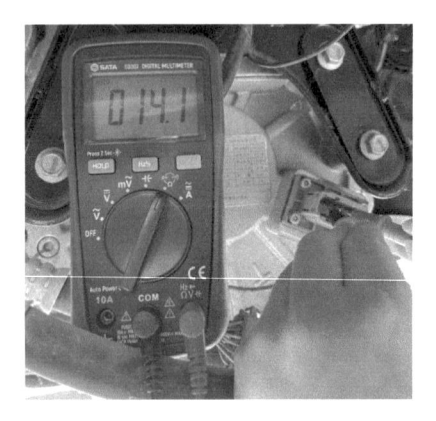

图 1-3-41　余弦绕组阻值检测

（3）正弦绕组阻值检测。

用万用表欧姆挡测量电机 12 针插件 9 号与 10 号端脚之间的电阻，如图 1-3-42 所示，正常值为 13.5±1.5Ω。

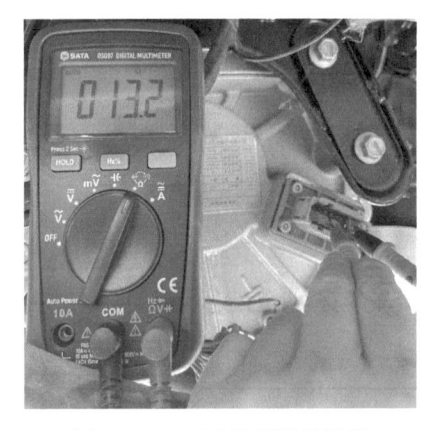

图 1-3-42　正弦绕组阻值检测

（4）励磁绕组阻值检测。

用万用表欧姆挡测量电机 12 针插件 11 号与 12 号端脚之间的电阻，如图 1-3-43 所示，正常值为 9.5±1.5Ω。

图 1-3-43　励磁绕组阻值检测

3．电机温度传感器检测

1）常温下温度传感器 1 阻值检测

用万用表欧姆挡测量电机 12 针插件 1 号与 2 号端脚之间的电阻，如图 1-3-44 所示。

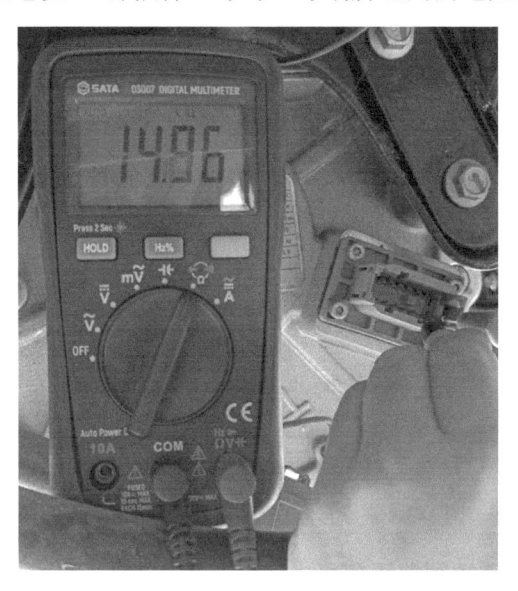

图 1-3-44　温度传感器 1 阻值检测

2）常温下温度传感器 2 阻值检测

用万用表欧姆挡测量电机 12 针插件 3 号与 4 号端脚之间的电阻，如图 1-3-45 所示。

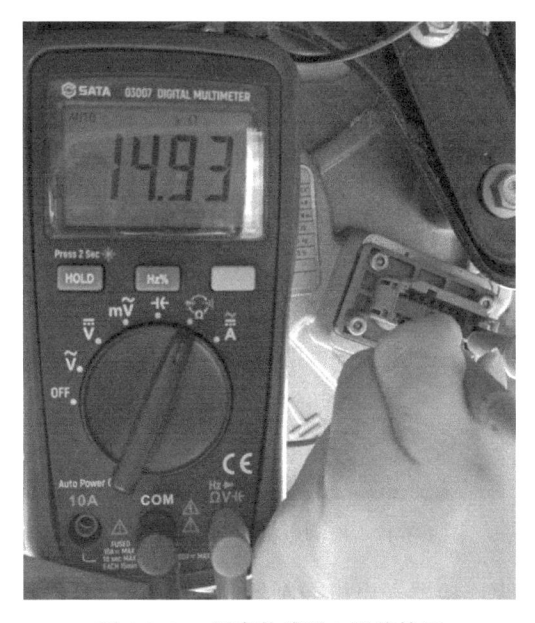

图 1-3-45　温度传感器 2 阻值检测

4．电机绝缘检测

（1）操作启动开关使电源处于 OFF 状态。

（2）断开蓄电池负极电缆。

(3)拆卸维修开关。

(4)断开电机控制器直流高压线束,等待 5 分钟,如图 1-3-46 所示。

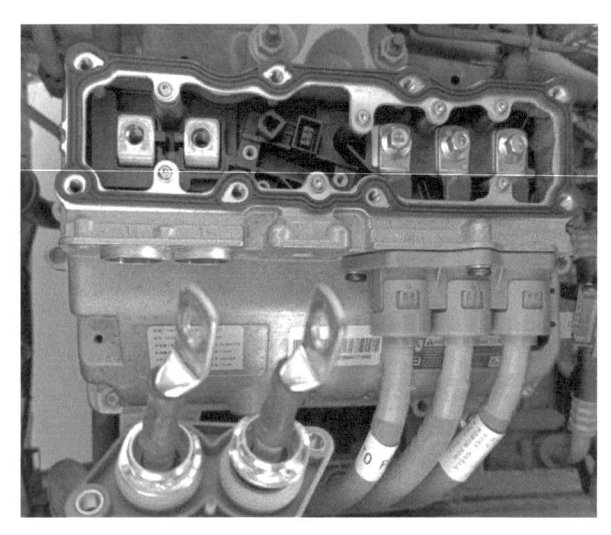

图 1-3-46　断开电机控制器直流高压线束

(5)用万用表检测电机控制器正负极电压,需低于 5V,如图 1-3-47 所示。

图 1-3-47　检测电机控制器正负极电压

(6)拆卸电机三相线束连接器(电机控制器侧),将高压绝缘检测仪的挡位调至 1000V,测量三相线束连接器 U 相与电机壳体之间的电阻,实测值为 11GΩ,正常值不低于 20MΩ,如图 1-3-48 所示。

(7)用高压绝缘检测仪测量三相线束连接器 V 相与电机壳体之间的电阻,实测值为 11GΩ,正常值不低于 20MΩ,如图 1-3-49 所示。

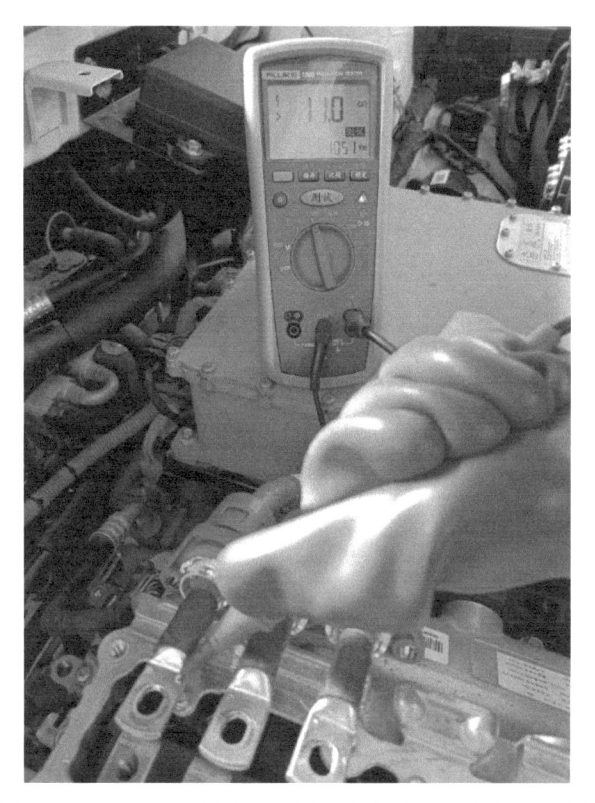

图 1-3-48　测量三相线束连接器 U 相与电机壳体之间的电阻

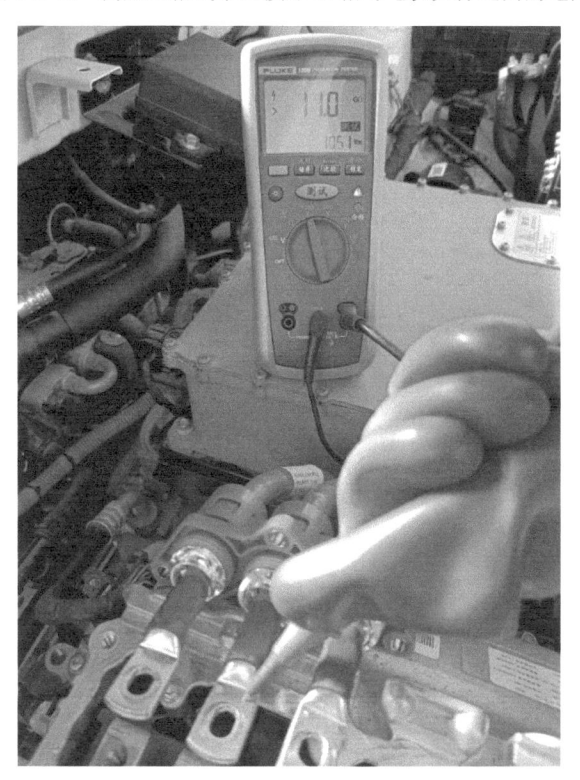

图 1-3-49　测量三相线束连接器 V 相与电机壳体之间的电阻

（8）用高压绝缘检测仪测量三相线束连接器 W 相与电机壳体之间的电阻，实测值为 11GΩ，正常值不低于 20MΩ，如图 1-3-50 所示。

图 1-3-50　测量三相线束连接器 W 相与电机壳体之间的电阻

项目二　电机控制系统检测与诊断

项目描述

新能源汽车电机控制系统是新能源汽车的核心，也是区别于传统能源汽车的最大不同点。新能源汽车行驶时由动力电池输出电能，通过电机控制器驱动电机运转，电机输出的转矩经传动系带动车轮前进或后退，同时在制动和滑行过程中实现能量回收。本项目包含以下两个任务：

任务一　电机控制器更换

任务二　电机控制系统故障检测与诊断

通过以上两个任务的学习，你能够了解电机控制器的结构、功能及电机系统相关传感器，熟悉电机控制器的工作原理和电机控制系统的工作模式，掌握电机控制器的更换及电机控制系统故障检测与诊断方法。

任务一　电机控制器更换

学习目标

知识目标：
1. 了解电机控制器的结构。
2. 掌握电机控制器的功能。
3. 了解电机系统相关传感器。

能力目标：
1. 能够规范进行电机控制器的拆卸。
2. 能够规范进行电机控制器的安装。

素质目标：
1. 培养学生对民族品牌的认同感。
2. 培养学生的安全意识、规范意识与责任意识。

任务导入

一辆吉利帝豪 EV300 汽车，行驶里程为 108000km，出现车辆无法行驶故障，于是便把车拖运到新能源汽车服务站进行检修，经过技师诊断，确定电机控制器存在故障，需要更换电机控制器，你的主管安排你进行更换操作，你能完成这个任务吗？

📖 知识准备

一、电机控制器的结构

以帝豪 EV450 电机控制器为例，其内部包含 1 个 DC/AC 逆变器和 1 个 DC/DC 直流转换器，逆变器由 IGBT、直流母线电容、驱动和控制电路板等组成，实现直流与交流（可变的电压、电流、频率）之间的转变。直流转换器由高低压功率器件、变压器、电感、驱动和控制电路板等组成，实现直流高压向直流低压的能量传递。电机控制器还包含冷却器（通冷却液，给电子功率器件散热）。

电机控制器外部包含直流母线接口、三相动力线接口、低压信号接口、DC/DC 接口、冷却管口等，帝豪 EV450 电机控制器的外部结构如图 2-1-1 所示，在车上的安装位置如图 2-1-2 所示。

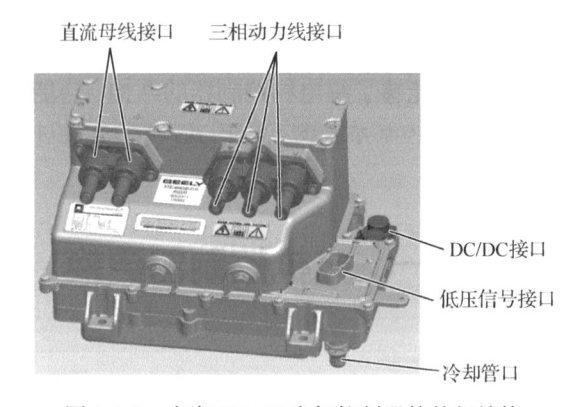

图 2-1-1 帝豪 EV450 电机控制器的外部结构

图 2-1-2 帝豪 EV450 电机控制器在车上的安装位置

比亚迪 e6 的电机控制器安装在前机舱内右侧，靠近 DC/DC 直流转换器的位置，如图 2-1-3 所示。比亚迪 e6 的电机控制器总成包含上、中、下三层，上、下层为电机控制单元，中层为水道冷却单元，还包括低压信号接插件、2 根动力电池正负极输入线、3 根电机三相（U、V、W）动力输出线和 2 个水套接管接头及其他周边附件，如图 2-1-4 所示。

图 2-1-3　比亚迪 e6 电机控制器安装位置 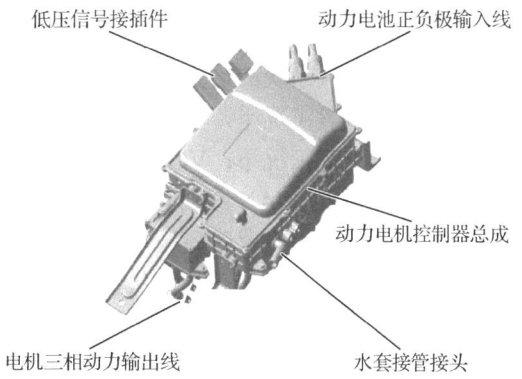　　　图 2-1-4　比亚迪 e6 电机控制器的外部结构

二、电机控制器的功能

电机控制器（MCU）根据整车控制器（VCU）发送过来的反映驾驶员意图的相关指令，做出响应及反馈，实时调整驱动电机输出，以实现整车的前进、倒车、停车、能量回收及驻坡等功能。电机控制器还有另外一个重要的作用是通信和保护，实时进行状态和故障检测，保证驱动电机控制系统和整车安全可靠地运行。图 2-1-5 为帝豪 EV450 电机控制器电气原理框图，电机控制器的具体功能如下：

（1）电机控制器与驱动电机之间连接三相交流高压线束，在行驶与制动时传递三相交流高压电。

（2）电机控制器与车载充电机内的分线盒之间连接两相直流高压线束，在行驶与制动时传递两相直流高压电。

（3）电机控制器与驱动电机之间还连有低压线束，主要传递电机温度信号和旋转变压器信号等，用于判断当前电机的工作状态。

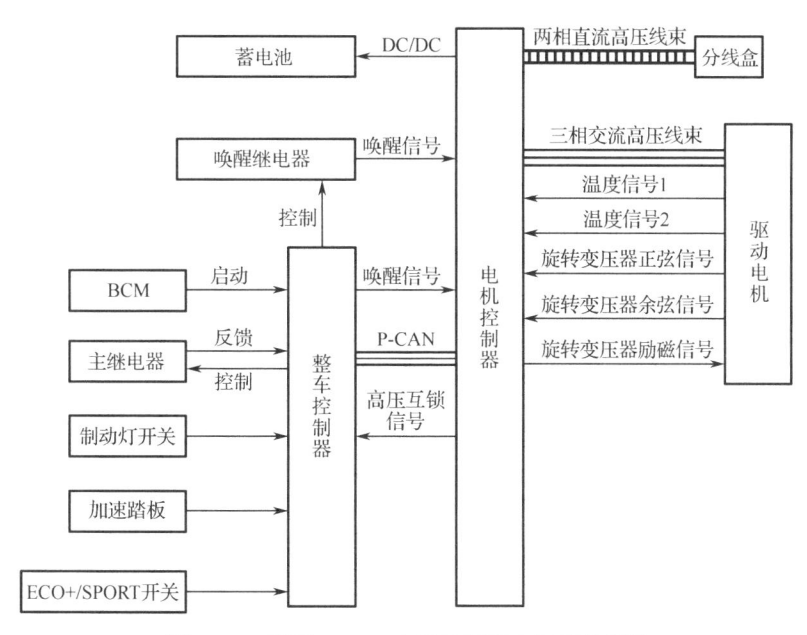

图 2-1-5　帝豪 EV450 电机控制器电气原理框图

（4）电机控制器内部的 DC/DC 变换器向整车低压电路及蓄电池提供 14V 低压直流电，满足全车低压电气系统的需求。

（5）在充电等工况下，唤醒继电器通过唤醒线对电机控制器进行唤醒供电。

（6）在充电等工况下，VCU 通过单独的唤醒线对电机控制器进行唤醒。

（7）VCU 通过 CAN 线对电机控制器进行驾驶意图和电机状态等信息传输。为防止高压系统暴露产生危险而设置的高压互锁线连接在电机控制器与 VCU 之间。

目前应用在电动汽车上的电机控制器主要有两种类型：一种仅用于控制驱动电机。另一种是具有集成控制功能的驱动电机管理模块，即集成了 MCU 与 DC/DC 变换器及其他功能模块，这类驱动电机管理模块也被称为 PEB（电子电力箱）或 PEU。

荣威 E50 电机控制器 PEB 的特点是同时具有控制电机和 DC/DC 变换器的功能，此外，在控制器内部还会并联一条高压线路，给空调压缩机供电，如图 2-1-6 所示。

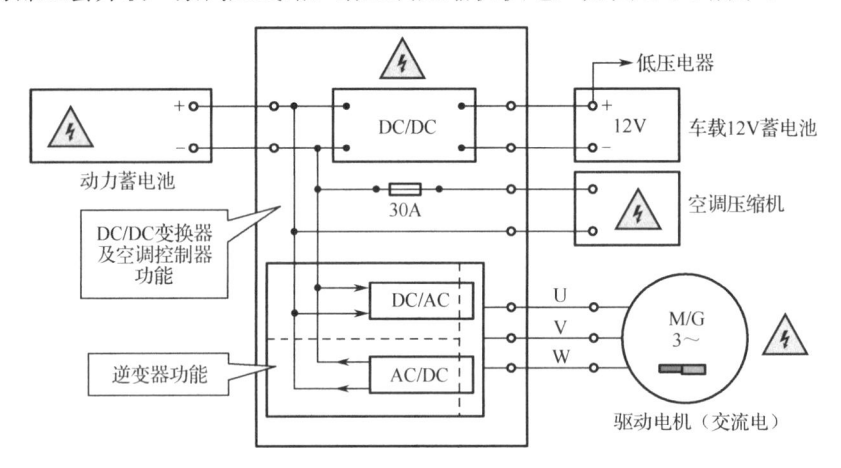

图 2-1-6　荣威 E50 电机控制器 PEB 功能图

将电机控制器 MCU 与 DC/DC 变换器集成化是目前纯电动汽车与混合动力汽车电机控制器发展的一个趋势，集成度更高的系统既节省了成本，也利于系统之间信息的共享与车辆部件的布置设计。比亚迪 E5 甚至将电机控制器、DC/DC 变换器、车载充电器及高压配电箱集成一体，即"四合一"的高压电控总成，如图 2-1-7 所示。

图 2-1-7　比亚迪 E5 的"四合一"高压电控总成

三、电机系统相关传感器

传感器是电控系统中用于检测和采集被测信号信息,并将测量的信息转换成电信号或者其他形式的信号反馈给电机控制器的电气装置。电动汽车的电机控制器需要采集驾驶员意图和车辆运行状态的相关信号并对电动汽车进行调整控制,因此电动汽车动力驱动系统中多装有以下传感器。

1. 加速踏板位置传感器

电动汽车的加速踏板位置传感器(简称加速踏板传感器),主要传递驾驶员的驾驶意图。驾驶员踩下加速踏板主要反映两方面意图:一方面是目标速度,另一方面是达到目标速度的时间,也就是加速度。这两个参数对应到加速踏板上,就体现为开度和开度的变化率。加速踏板传感器通过对加速踏板位置和运动速率的准确描述,向电机控制器传递驾驶员当前意图。

加速踏板传感器根据其工作原理的不同,可以分为电位计式、感应式和霍尔效应式三种,其中第一种又叫接触式,后两种叫非接触式。比较而言,非接触式传感器寿命长,可靠性高,准确性好,是当前应用的主流。

按照加速踏板的行程对应电机转矩比例系数的不同,加速踏板传感器可以划分为软性、线性和硬性三种类型,对应到驾驶员不同的驾乘感受,如图2-1-8所示。

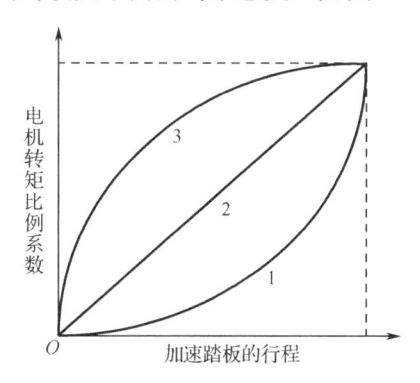

图2-1-8 加速踏板的行程与电机转矩比例系数的关系曲线

曲线1属于软性,加速踏板踩下感觉偏软,有些使不上劲儿,但好处在于驾驶员对车辆的操控性比较好,不会产生突然"向前窜"的感觉。

曲线3属于硬性,这种控制策略汽车起步更快,更有劲,也更易于换挡,驾驶感觉比较好。但由于曲线算法比较复杂,计算量大,因此响应特性比较差。

曲线2效果介于前面二者之间。这种控制策略函数关系比较简单,但汽车加速偏慢,驾驶感觉要比硬性稍差一些。

图2-1-9所示电路图中的比亚迪E5的加速踏板传感器有两个电位器,6个针脚,每3个针脚形成一个完整的回路。内部的电位器一个是主信号电位器,另一个是辅助信号电位器,两者之间的关系:主信号电压是辅助信号电压的2倍,两组电位器之间可以相互检测,如果其中一个出现故障,则整车控制器可以接收到另一个正确的信号。

2. 制动踏板位置传感器

制动踏板位置传感器安装在制动踏板轴的一端,用于检测汽车制动状态,其采集的信号也可以作为制动灯信号。

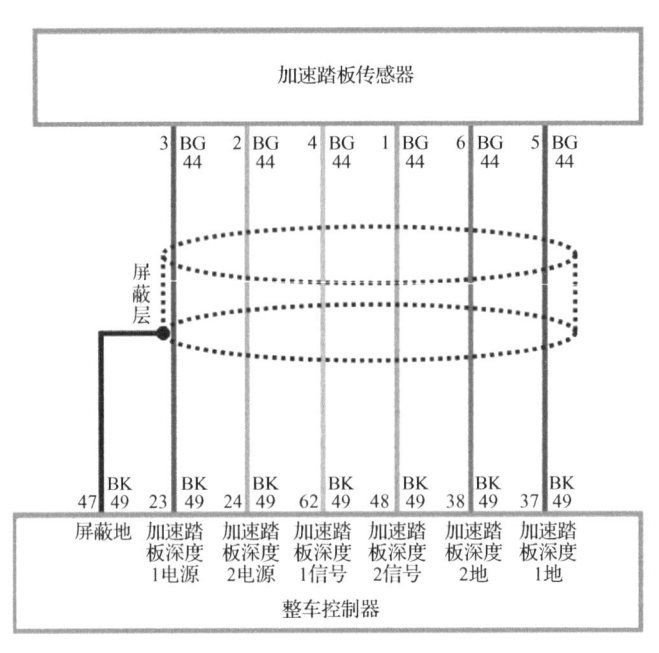

图 2-1-9 比亚迪 E5 加速踏板传感器电路图

当制动踏板被踩下时，制动灯电路中的常闭开关打开，制动灯点亮，同时将制动信号传输给整车控制器。整车控制器根据此信号并结合各电控单元（电机控制器、电池管理系统）采集到的信息，进行数据分析和处理后，将指令信号输送到电机控制器和电池管理系统，电池管理系统控制动力电池中断给电机控制器的电能，从而使车辆减速和停车。

比亚迪 E5 制动踏板位置传感器属于电阻式传感器，传感器有 6 个针脚，其电路图如图 2-1-10 所示。

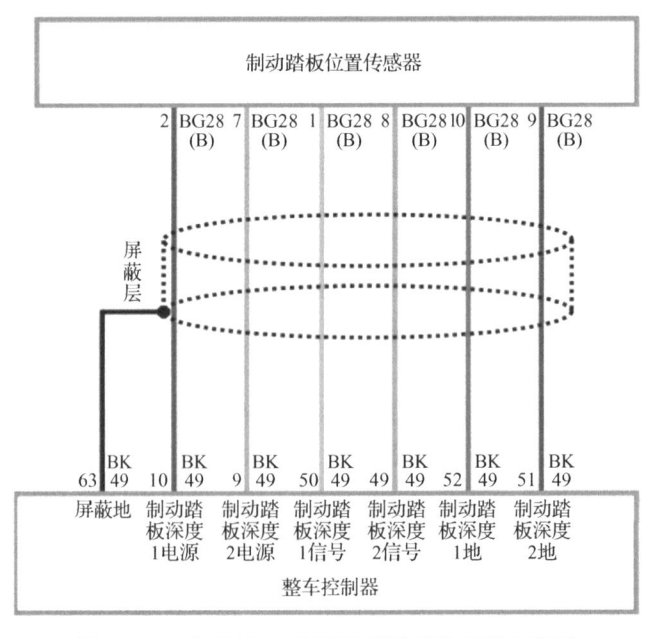

图 2-1-10 比亚迪 E5 制动踏板位置传感器电路图

· 48 ·

3. 挡位传感器

比亚迪 E5 的换挡装置设置有 R 挡（倒车挡）、N 挡（空挡）、D 挡（前进挡）。当前挡位在组合仪表上显示。挡位传感器位于换挡杆内，换挡杆如图 2-1-11 所示。

图 2-1-11　比亚迪 E5 换挡杆

4. 电机温度传感器

电机温度传感器主要用以检测电机的绕组温度，电机控制器通过此温度传感器采集温度信号，启动冷却系统甚至使电机停转以保护电机不会因过热而烧损。

图 2-1-12 所示是常用的电机温度传感器 PT1000，由于可适当对该电机温度传感器的线圈进行整形弯曲而不损坏绕组，故可方便地将其嵌入狭小空间。

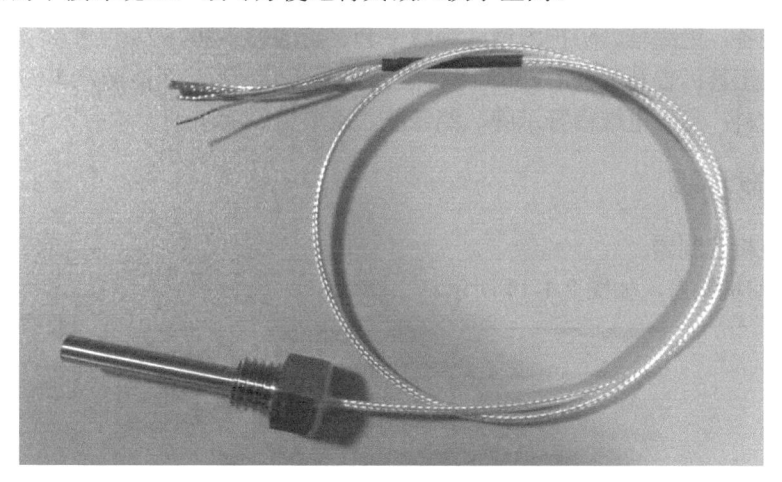

图 2-1-12　电机温度传感器 PT1000

如图 2-1-13 所示，电机温度传感器采用两线制，安装在电机的旋转变压器中，为确保信号准确，通常安装两个传感器进行信号比对，以防止电机控制器对温度进行错误判断。当温度出现异常时，电机控制器将控制电机降功率运行，如果温度超过极限值，电机将被停止运行。PT1000 表示温度在 0℃的情况下，传感器电阻为 1000Ω。

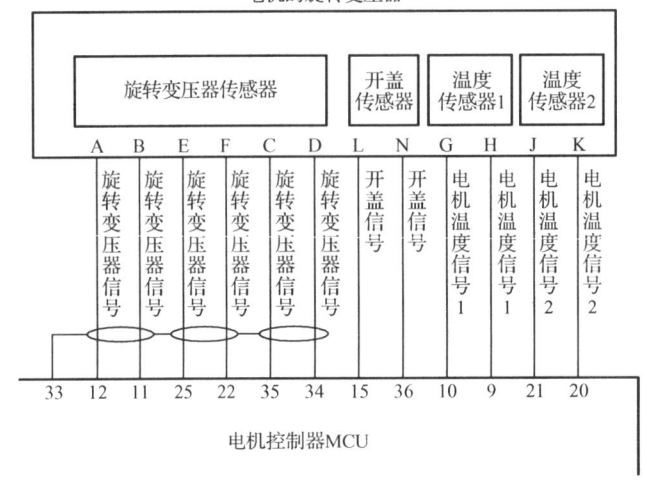

图 2-1-13 电机温度传感器电路图

📖 任务实施

一、任务内容

1. 新能源汽车电机控制器拆卸。
2. 新能源汽车电机控制器安装。

二、任务准备

1. 防护装备：绝缘鞋、防护眼镜、绝缘手套、防酸碱手套。
2. 设备及工具：吉利帝豪EV300或其他新能源汽车一辆、新能源汽车维修组合工具。
3. 辅助材料：高压电维修警示牌、绝缘垫、灭火器、清洁剂。

三、实施步骤

1. 拆卸电机控制器

（1）打开前机舱盖，如图 2-1-14 所示。

图 2-1-14 打开前机舱盖

（2）断开蓄电池负极电缆。

（3）拆卸维修开关。

（4）拆卸电机控制器上盖8个螺栓，取下电机控制器上盖，如图2-1-15所示。

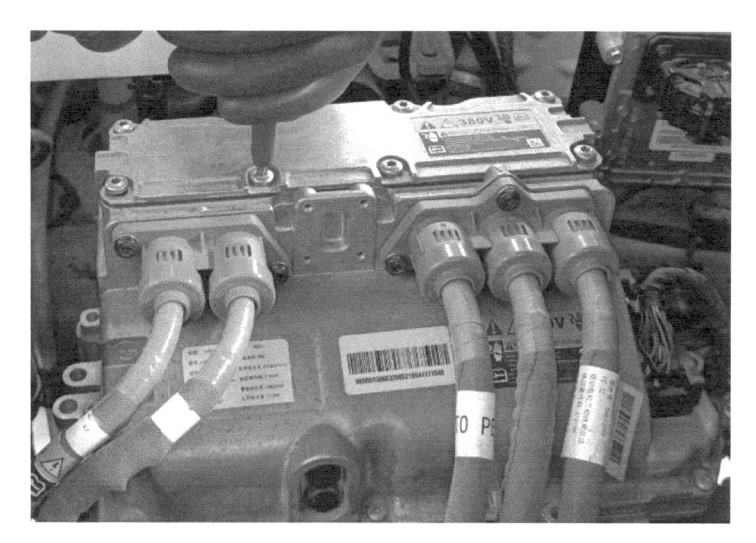

图2-1-15　拆卸电机控制器上盖螺栓

（5）拆卸驱动电机三相线束连接器（电机控制器侧）3个固定螺栓，如图2-1-16所示。

（6）拆卸驱动电机三相线束端子（电机控制器侧）3个固定螺栓，脱开三相线束，如图2-1-17所示。

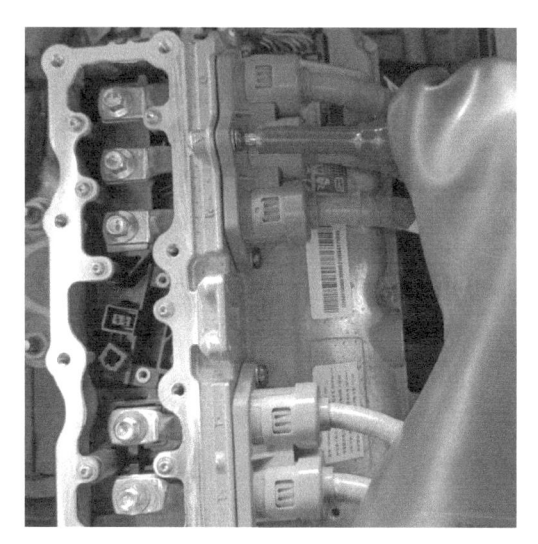

图2-1-16　拆卸驱动电机三相线束连接器
（电机控制器侧）固定螺栓

图2-1-17　拆卸驱动电机三相线束端子
（电机控制器侧）固定螺栓

（7）拆卸分线盒电机控制器高压线束连接器（电机控制器侧）2个固定螺栓，如图2-1-18所示。

图 2-1-18　拆卸分线盒电机控制器高压线束连接器（电机控制器侧）固定螺栓

（8）拆卸分线盒电机控制器高压线束端子（电机控制器侧）2 个固定螺栓，脱开线束，如图 2-1-19 所示。

图 2-1-19　拆卸分线盒电机控制器高压线束端子（电机控制器侧）固定螺栓

（9）断开电机控制器低压线束连接器，如图 2-1-20 所示。

图 2-1-20　断开电机控制器低压线束连接器

(10)拆卸电机控制器4个固定螺栓,如图2-1-21所示。

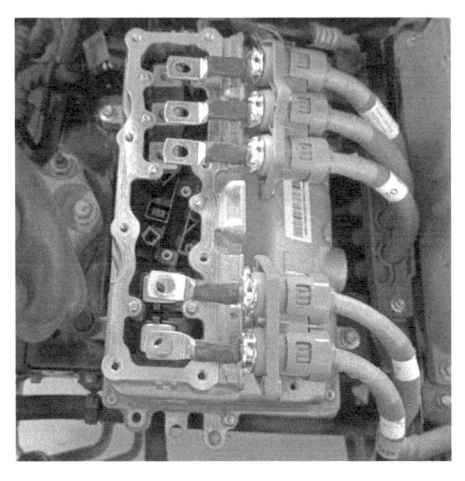

图 2-1-21 拆卸电机控制器固定螺栓

(11)取下防尘盖,拆卸电机控制器2根搭铁线束固定螺母,脱开搭铁线束,如图2-1-22所示。

图 2-1-22 拆卸电机控制器搭铁线束固定螺母

(12)脱开电机控制器进水管和出水管,用容器接住防冻液,取下电机控制器总成,如图2-1-23所示。

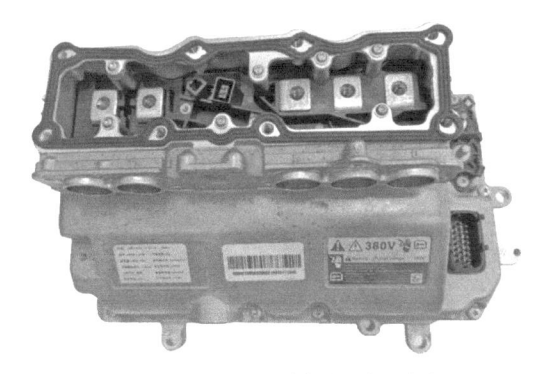

图 2-1-23 取下电机控制器总成

2. 安装电机控制器

(1) 安装电机控制器进水管和出水管，如图 2-1-24 所示。

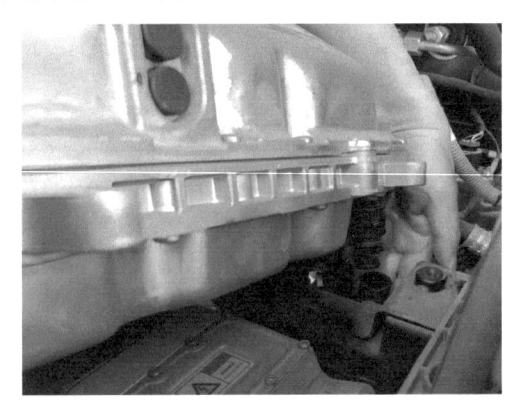

图 2-1-24　安装电机控制器进水管和出水管

(2) 连接 2 根搭铁线，紧固螺母。力矩为 23N·m，如图 2-1-25 所示。

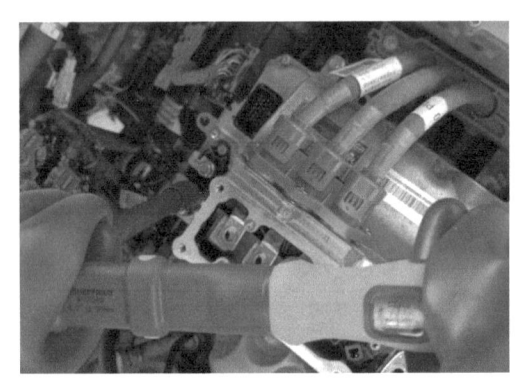

图 2-1-25　紧固搭铁线螺母

(3) 连接电机控制器低压线束连接器。

(4) 紧固电机控制器 4 个固定螺栓，力矩为 25N·m，如图 2-1-26 所示。

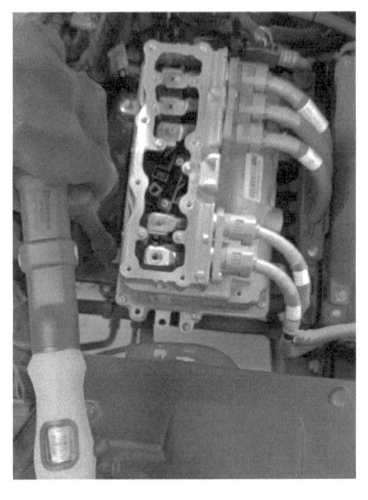

图 2-1-26　紧固电机控制器固定螺栓

（5）连接三相线束，紧固驱动电机三相线束连接器（电机控制器侧）3个固定螺栓。力矩为9N·m。

（6）紧固驱动电机三相线束端子（电机控制器侧）3个固定螺栓，力矩为25N·m，如图2-1-27所示。

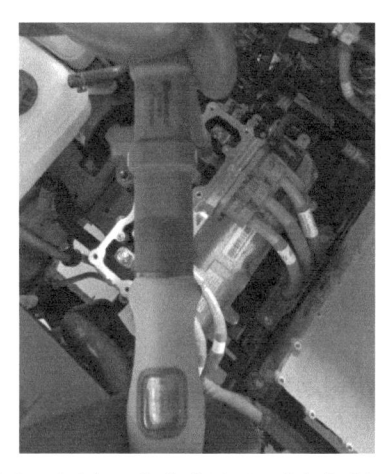

图2-1-27 紧固驱动电机三相线束端子（电机控制器侧）固定螺栓

（7）连接线束，紧固分线盒电机控制器高压线束连接器（电机控制器侧）2个固定螺栓。力矩为9N·m。

（8）紧固分线盒电机控制器高压线端子（电机控制器侧）2个固定螺栓，力矩为25N·m，如图2-1-28所示。

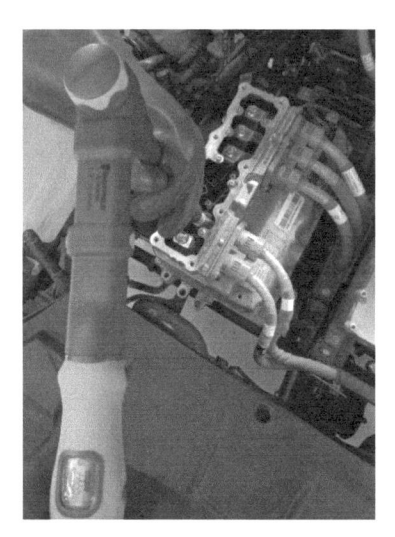

图2-1-28 紧固分线盒电机控制器高压线端子（电机控制器侧）固定螺栓

（9）安装电机控制器上盖，采取对角法拧紧电机控制器上盖8个螺栓。

（10）安装维修开关。

（11）连接蓄电池负极电缆。

（12）加注冷却液。

（13）关闭前机舱盖。

任务二　电机控制系统故障检测与诊断

学习目标

知识目标：
1. 掌握电机控制器的工作原理。
2. 了解电机控制系统的工作模式。

能力目标：
1. 能够规范进行电机控制器通信故障检测与诊断。
2. 能够规范进行电机旋转变压器信号线路故障检测与诊断。

素质目标：
1. 培养学生分析问题、解决问题的能力。
2. 培养学生的规范意识与责任意识。

任务导入

技师小李在某新能源汽车4S店工作，一天接了一辆纯电动汽车，车主反映打开启动开关后仪表上有多个故障灯点亮。仪表不显示READY，挂入D挡，车辆无法行驶，经过初步检查后，判断电机控制系统有故障，需要进一步检测电机控制系统，你知道如何安全、规范地检修电机控制系统吗？

知识准备

一、电机控制器的工作原理

电机控制器中的控制板对所有的输入信号进行处理，并将电机控制系统运行状态的信息通过CAN（控制局域网络）发送给整车控制器。电机控制器内含有故障诊断电路，当诊断出异常时，将会激活一个故障码，发送给整车控制器，也会存储该故障码和数据。

电机的输出动作主要靠电机控制器给定命令执行电机控制器主要将输入的直流电逆变成幅值、频率可调的三相交流电，驱动配套的三相永磁同步电机工作。在能量回收时，电机控制器将交流电整流成直流电给动力蓄电池充电。电机控制器中的交直流转换核心部件为IGBT模块。

IGBT（Insulated Gate Bipolar Transistor，绝缘栅双极晶体管）被认为是电动汽车的核心器件之一。它的作用是将动力电池的直流电转化为交流电，实现电压的高低转换，还可将电机回收的交流电转换成可供动力电池充电的直流电。动力电池组和电机分别与IGBT模块的输入端及输出端连接，IGBT模块的输出电压由电机控制器向IGBT模块输入的PWM脉冲信号控制。比亚迪IGBT模块如图2-2-1所示。

图 2-2-1 比亚迪 IGBT 模块

电机控制器的工作原理如图 2-2-2 所示，IGBT 模块共有 6 个 IGBT，分别为 V1、V2、V3、V4、V5、V6。每个 IGBT 工作时就像一个晶体管，但它可以开关很大的电压和电流。当图 2-2-2 中 V1 导通时，来自正极母线的电压通过 V1 到达 U 相绕组，此时若 V4 导通，则电流通过 V 相绕组回到负极母线，通过不断地切换 6 个 IGBT 可以在 U、V、W 三相绕组中产生可控的交流电。

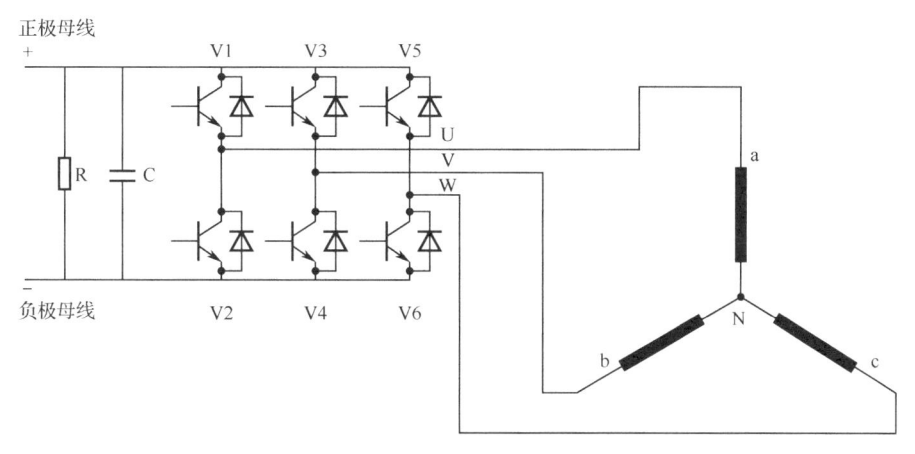

图 2-2-2 电机控制器的工作原理

1. 直流电逆变为三相交流电

新能源汽车处于正常行驶状态时，电机控制器将高压直流电逆变为三相交流电，此时电机处于电机状态。

当电机控制器控制第三组 IGBT 模块的第一个 IGBT 导通、第二组 IGBT 模块的第二个 IGBT 导通时，来自动力蓄电池的直流电从正极流入 W 相绕组，从 V 相绕组流出回到负极。此时，U 相绕组没有电流流过，电压为 0V。V 相绕组和 W 相绕组电阻相同，电流流向相反，故所产生的电压值相同，但方向相反，即 W 相绕组电压为正，V 相绕组电压为负，如图 2-2-3 坐标系中的圆点位置所示。

当电机控制器控制第一组 IGBT 模块的第一个 IGBT 导道、第三组 IGBT 模块的第一个 IGBT 导通、第二组 IGBT 模块的第二个 IGBT 导通时，来自动力蓄电池的直流电从正极分别流入 W 相绕组和 U 相绕组，从 V 相绕组流出回到负极。由于 U、V、W 三相绕组电阻相同，

W 相绕组和 U 相绕组电压相同，方向为正。V 相绕组电压为 W、U 相绕组电压的 2 倍，方向为负，如图 2-2-4 坐标系中的圆点位置所示。

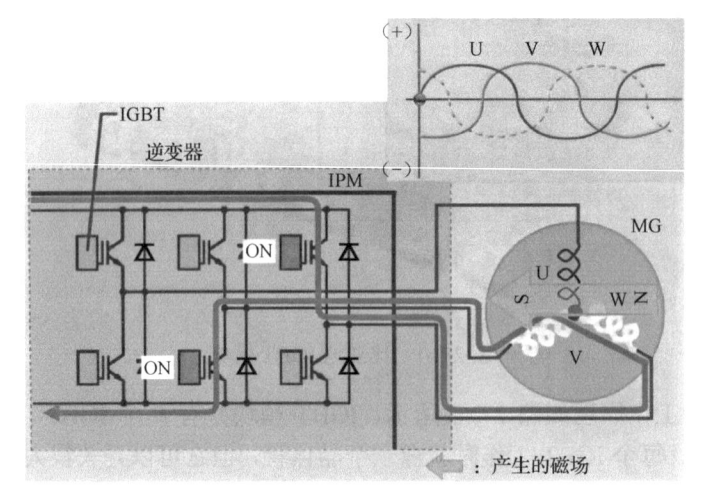

图 2-2-3 IGBT 工作原理（一）

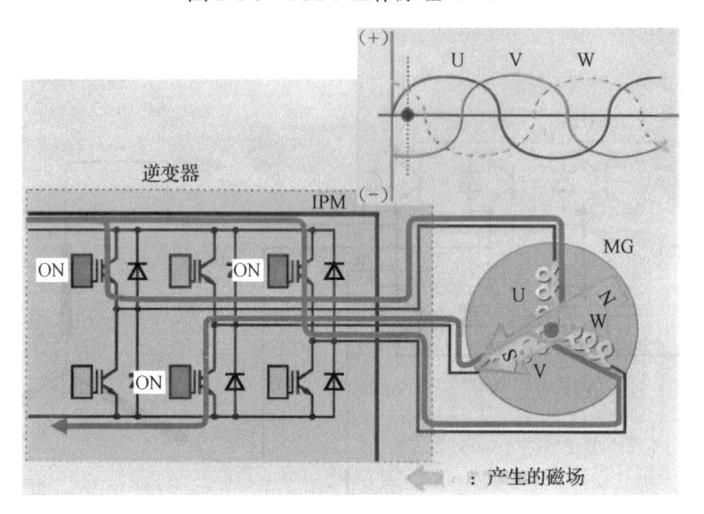

图 2-2-4 IGBT 工作原理（二）

当电机控制器控制第一组 IGBT 模块的第一个 IGBT 导通、第二组 IGBT 模块的第二个 IGBT 导通时，来自动力蓄电池的直流电从正极流入 U 相绕组，从 V 相绕组流出回到负极。此时，W 相绕组没有电流流过，电压为 0V。U 相绕组和 V 相绕组的电阻相同，电流方向相反，故所产生的电压值相同，但方向相反，即 U 相绕组电压为正，V 相绕组电压为负，如图 2-2-5 坐标系中的圆点位置所示。

当电机控制器控制第一组 IGBT 模块的第一个 IGBT 导通、第二组 IGBT 模块的第二个 IGBT 导通、第三组 IGBT 模块的第二个 IGBT 导通时，来自动力蓄电池的直流电从正极流入 U 相绕组，分别从 W、V 相绕组流出回到负极。由于 U、V、W 三相绕组电阻相同，U 相绕组电压值为 W、V 相绕组电压值的 2 倍，方向为正。W、V 相绕组电压相同，方向为负，如图 2-2-6 坐标系中的圆点位置所示。

当电机控制器控制第一组 IGBT 模块的第一个 IGBT 导通、第三组 IGBT 模块的第二个 IGBT 导通时，来自动力蓄电池的直流电从正极流入 U 相绕组，从 W 相绕组流出回到负极。

此时，V相绕组没有电流流过，电压为0V。U相绕组和W相绕组电阻相同，电流方向相反，故所产生的电压值相同，但方向相反，即U相绕组电压为正，W相绕组电压为负，如图2-2-7坐标系中的圆点位置所示。

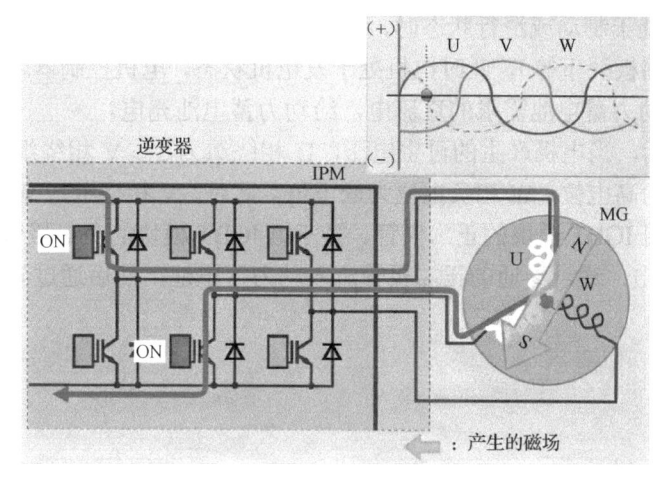

图2-2-5　IGBT工作原理（三）

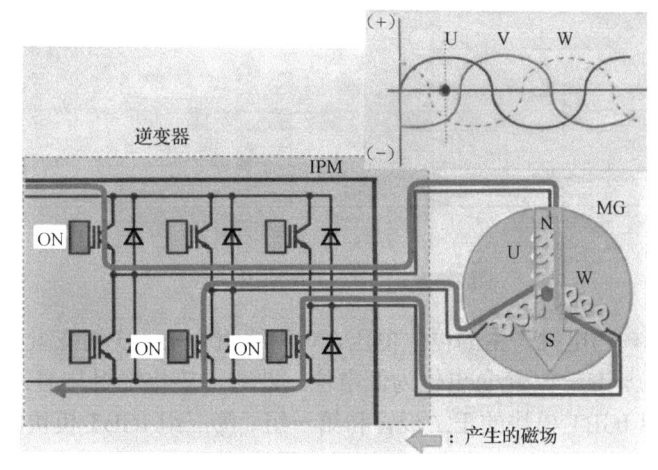

图2-2-6　IGBT工作原理（四）

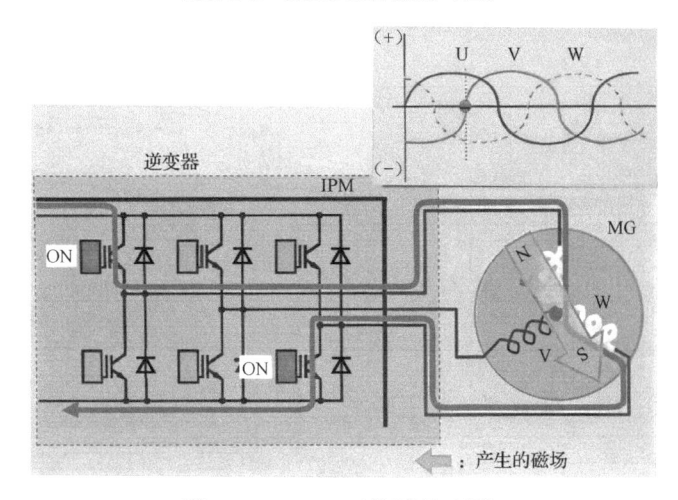

图2-2-7　IGBT工作原理（五）

以此类推，电机控制器将动力蓄电池中的直流电逆变为驱动电机所需要的三相交流电。此交流电在电机定子绕组内产生旋转磁场，吸引转子随之转动。

2．三相交流电整流为直流电

在新能源汽车处于制动或滑行状态时，若车辆符合能量回收条件（例如动力蓄电池 SOC 值满足要求、制动踏板踩下等），此时电机处于发电机状态，电机控制器将发电机产生的三相交流电整流为符合动力蓄电池需求的直流电，给动力蓄电池充电。

如图 2-2-8 所示，当电机产生的再生电压，U 相绕组为零、V 相绕组为正、W 相绕组为负时，V 相正电位为高电位，W 相负电位为低电位。此时，V 相绕组与 W 相绕组之间有较大的电位差，使第二组 IGBT 模块的正二极管、第三组 IGBT 模块的负二极管导通。此时，再生电流从 V 相绕组流出，通过导通的正二极管流入动力蓄电池，然后通过导通的负二极管流回 W 相绕组。

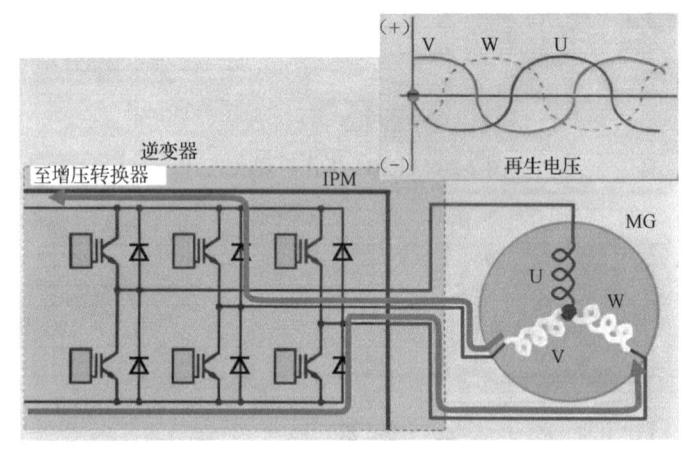

图 2-2-8　IGBT 工作原理（六）

如图 2-2-9 所示，当电机产生的再生电压，V 相绕组为正、U 相绕组和 W 相绕组为负时，V 相正电位为高电位，U、W 相负电位为低电位。此时，V 相绕组与 U、W 相绕组之间有较大电位差，使第二组 IGBT 模块的正二极管和第一组、第三组 IGBT 模块的负二极管导通。此时，再生电流从 V 相绕组流出，通过导通的正二极管流入动力蓄电池，然后通过导通的两个负二极管流回 U 相绕组和 W 相绕组。

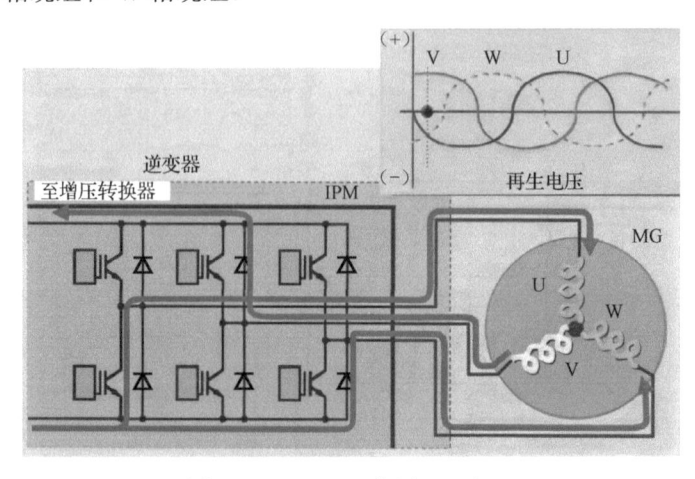

图 2-2-9　IGBT 工作原理（七）

如图 2-2-10 所示，当电机产生的再生电压：W 相绕组为零、V 相绕组为正、U 相绕组为负时，V 相正电位为高电位，U 相负电位为低电位。此时，V 相绕组与 U 相绕组之间有较大电位差，使第二组 IGBT 模块的正二极管、第一组 IGBT 模块的负二极管导通。此时，再生电流从 V 相绕组流出，通过导通的正二极管流入动力蓄电池，然后通过导通的负二极管流回 U 相绕组。

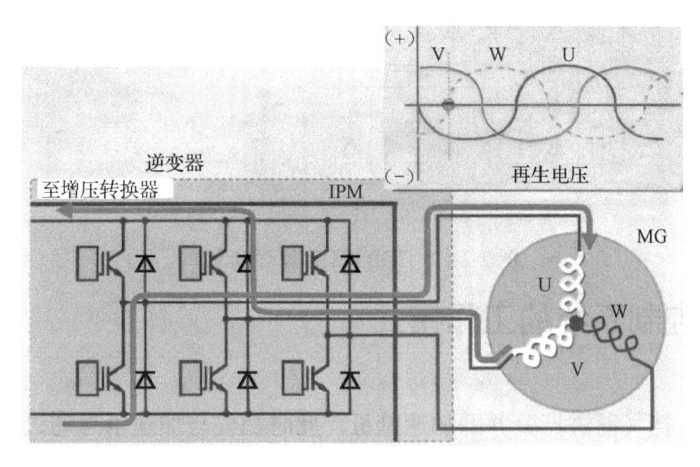

图 2-2-10　IGBT 工作原理（八）

如图 2-2-11 所示，当电机产生的再生电压：V 相绕组和 W 相绕组为正、U 相绕组为负时，V 相绕组和 W 相绕组均为正电位为高电位，U 相绕组负电位为低电位。此时，V、W 相绕组与 U 相绕组之间有较大电位差，使第二组 IGBT 模块、第三组 IGBT 模块的正二极管和第一组 IGBT 模块的负二极管导通。此时，再生电流从 V 相绕组、W 相绕组流出，通过导通的两个正二极管，流入动力蓄电池，然后通过导通的负二极管流回 U 相绕组。

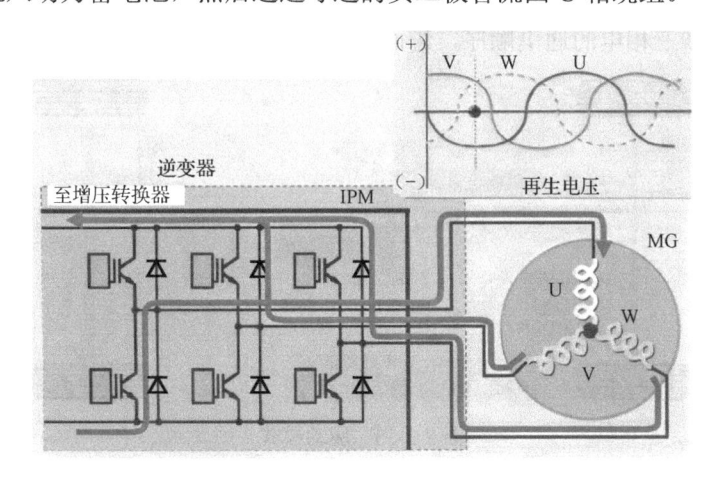

图 2-2-11　IGBT 工作原理（九）

如图 2-2-12 所示，当电机产生的再生电压：V 相绕组为零、W 相绕组为正、U 相绕组为负时，W 相正电位为高电位，U 相负电位为低电位。此时，W 相绕组与 U 相绕组之间有较大电位差，使第三组 IGBT 模块的正二极管、第一组 IGBT 模块的负二极管导通。此时，再生电流从 W 相绕组流出，通过导通的正二极管，流入动力蓄电池，然后通过导通的负二极管流回 U 相绕组。

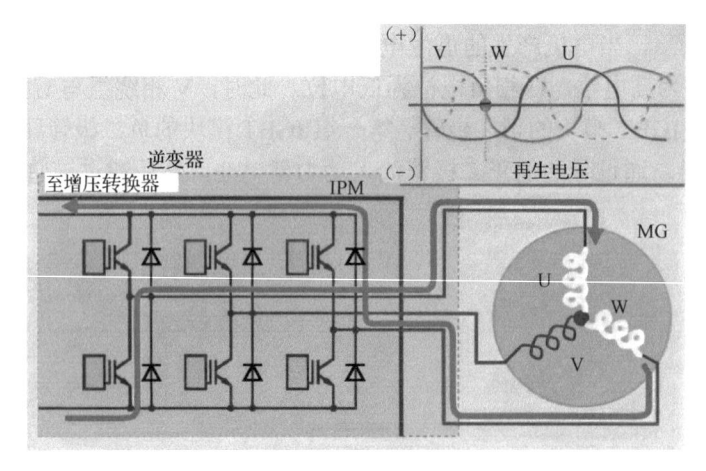

图 2-2-12　IGBT 工作原理（十）

二、电机控制系统的工作模式

1. 驱动模式

驾驶员挂入 D 挡（前进挡）并踩加速踏板，此时挡位与加速信息通过信号线传递给整车控制器。整车控制器相应信号通过 CAN 总线传递给电机控制器，电机控制器参考旋转变压器信息（转子位置），向永磁同步电机通入三相交流电使其开始运作。随着加速踏板行程信号的不断增大，电机控制器控制 IGBT 导通频率上升，电机的转矩随着电流的增大而增大。电机控制器始终保持恒定的电机输出功率，并通过电流传感器和电压传感器感知电机当前功率、消耗电流与电压的大小，通过 CAN 传送给仪表，使驾驶员及时了解车辆运行情况。当驾驶员挂入 R 挡（倒挡），倒挡信号通过信号线传递给整车控制器，再通过 CAN 总线发送给电机控制器，此时电机控制器结合当前转子位置（旋转变压器）信息，通过改变 IGBT 模块改变三相交流电中 W/V/U 三相电的通电顺序，进而控制电机反转。驱动模式如图 2-2-13 所示。

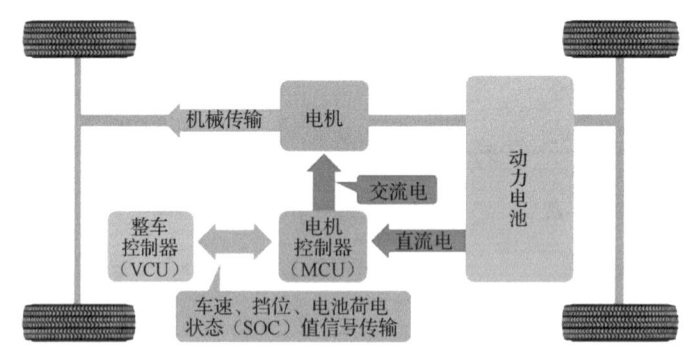

图 2-2-13　驱动模式

能量流动路线为动力电池将高压直流电输送给高压控制盒，通过高压控制盒输送给电机控制器，电机控制器将直流高压电转变为交流高压电供给电机，电机再将电能转换为机械能，驱动二级主减速器运转，经过差速器带动两半轴转动，最终带动车轮旋转。

2. 发电模式

当驾驶员松开加速踏板时，电机在惯性的作用下仍在旋转，电机依旧带动车轮转动。随着电机转速的下降，车轮转速逐渐超过电机转速，此时电机转子被车轮带动旋转，电机变为发电状态。电池管理系统可以根据电池充电特性曲线（充电电流、电压变化与电池容量的关系曲线）和采集的电池温度等参数计算出相应的允许最大充电电流。电机控制器通过 IGBT 模块控制调整"发电机"的最大发电电流，保证了向动力电池充电的电流不超过允许最大充电电流，也对车轮起到了辅助减速的作用。

当踩下制动踏板时，电机控制器输出的电流频率会急剧下降，馈能电流在电机控制器的调节下充入高压电池。当 IGBT 模块全部关闭时，在当前的反拖速度和模式下为最大馈能状态，此时电机控制器对"发电机"没有实施速度和电流的调整，"发电机"所发的电量全部转移给动力电池，由于"发电机"负载较大，此时车辆减速也较快。发电模式如图 2-2-14 所示。

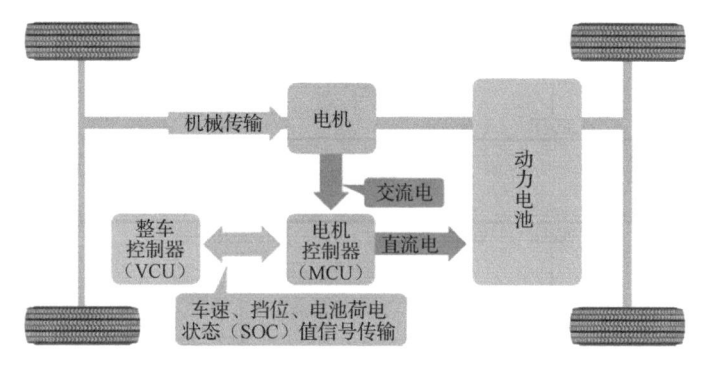

图 2-2-14　发电模式

能量流动路线为车轮处的惯性力通过半轴、差速器、二级主减速器传递到电机，此时电机处于发电模式将机械能转化为电能，通过电机控制器整流成直流电，再通过高压控制盒给动力电池充电。

任务实施

一、任务内容

1．电机控制器通信故障检测与诊断。
2．电机旋转变压器信号线路故障检测与诊断。

二、任务准备

1．防护装备：绝缘鞋、防护眼镜、绝缘手套、防酸碱手套。
2．设备及工具：吉利帝豪 EV450 或其他新能源汽车一辆、新能源汽车维修组合工具、诊断仪、万用表。
3．辅助材料：高压电维修警示牌、绝缘垫、灭火器、清洁剂。

三、实施步骤

（一）电机控制器通信故障检测与诊断

1．确认故障现象

帝豪 EV450 的 READY 灯不亮，车辆上不了高压电，动力系统故障警告灯点亮，主减速器系统故障指示灯点亮，电子稳定系统故障指示灯点亮。

2. 故障诊断

首先连接诊断仪，进行全车扫描。扫描后发现，只有电机控制器一个控制模块无法通信。其他模块都能正常通信。整车控制器报故障码：U011087（与电机控制器通信丢失）。可能的故障原因有：电机控制器主供电线路故障、电机控制器搭铁线路及搭铁点故障、电机控制器CAN线断路故障及电机控制器本体故障。根据原车电路（见图2-2-15），进行逐一检测。

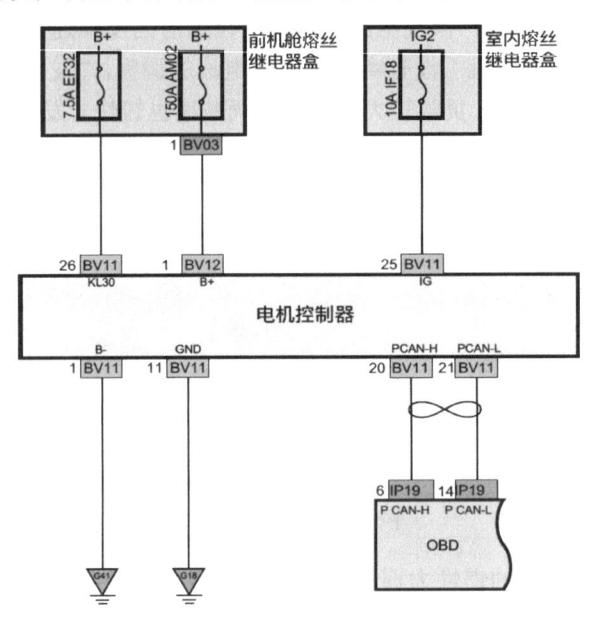

图 2-2-15 电机控制器相关电路

3. 故障检测

（1）操作启动开关使电源处于 ON 状态。

（2）测量 EF32 熔丝两端电压，如图 2-2-16 所示，测量结果为 12.98V，正常值为 11～14V，说明熔丝上游供电正常。

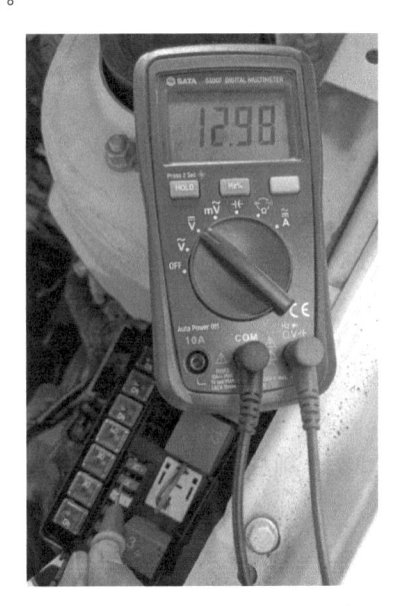

图 2-2-16　EF32 熔丝两端电压检测

（3）操作启动开关使电源处于 OFF 状态。

（4）断开蓄电池负极，断开电机控制器连接线束 BV11。

（5）测量 BV11 的 26 号端子和 EF32 熔丝下游端之间阻值，测量结果为 0Ω，如图 2-2-17 所示，正常值小于 1Ω。这说明电机控制器的主供电正常。

图 2-2-17　BV11 的 26 号端子和 EF32 熔丝下游端之间阻值测量

（6）测量 BV11 的 11 号端子和车身搭铁点之间阻值，测量结果为 0Ω，如图 2-2-18 所示，正常值小于 1Ω，说明电机控制器的车身搭铁正常。

图 2-2-18　BV11 的 11 号端子和车身搭铁点之间阻值测量

（7）电机控制器在 PCAN 通信网络上，内部接有 120Ω 终端电阻，测量 BV11 的 20 号端子和 BV11 的 21 号端子之间阻值，测量值为 119.5Ω，如图 2-2-19 所示，正常值为 120±1.5Ω，说明电机控制器的 CAN 线没有出现断路故障。

（8）更换电机控制器，车辆正常启动。该故障是电机控制器总成损坏导致的车辆无法上电。

图 2-2-19　BV11 的 20 号端子和 BV11 的 21 号端子之间阻值检测

（二）电机控制器旋转变压器信号线路故障检测与诊断

1. 确认故障现象

帝豪 EV450 的 READY 灯不亮，车辆上不了高压电，动力系统故障警告灯点亮，车辆无法挂挡。

2. 故障诊断

连接故障诊断仪读取车辆故障信息，故障信息如下：P171100 信号失配错误；P0C5200 余弦/正弦输入信号低于电压阈值；P130C00 旋转变压器初始化错误。根据故障码，初步判定电机旋转变压器信号线路故障。查看原车电路，如图 2-2-20 所示。

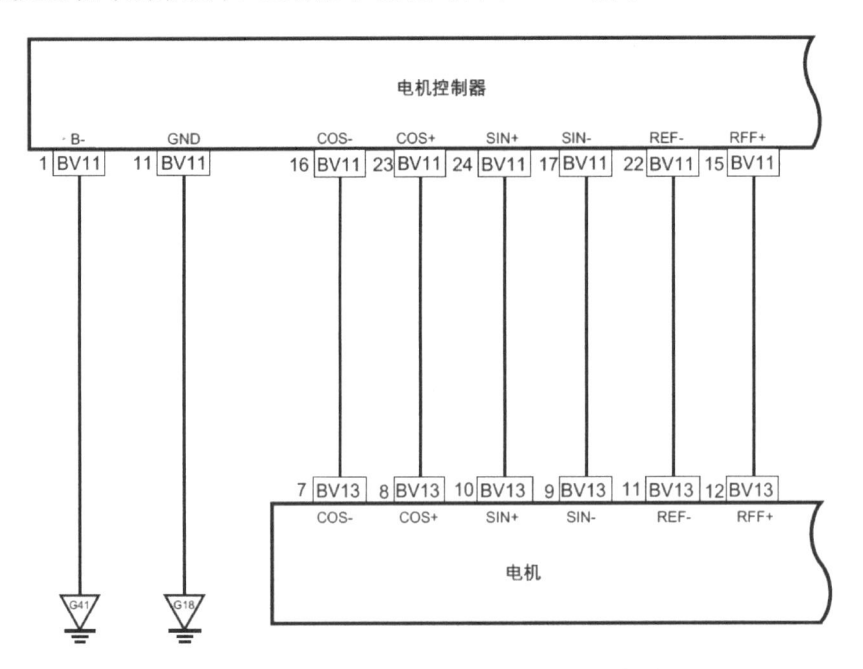

图 2-2-20　帝豪 EV450 电机控制系统相关电路

3．故障检测

（1）操作启动开关使电源处于 OFF 状态。

（2）断开蓄电池负极。

（3）断开驱动电机低压线束连接器 BV13。

（4）测量电机旋转变压器的正弦绕组阻值，实测值为 13.2Ω，如图 2-2-21 所示，正常值为 13.5±1.5Ω，说明正弦绕组阻值正常。

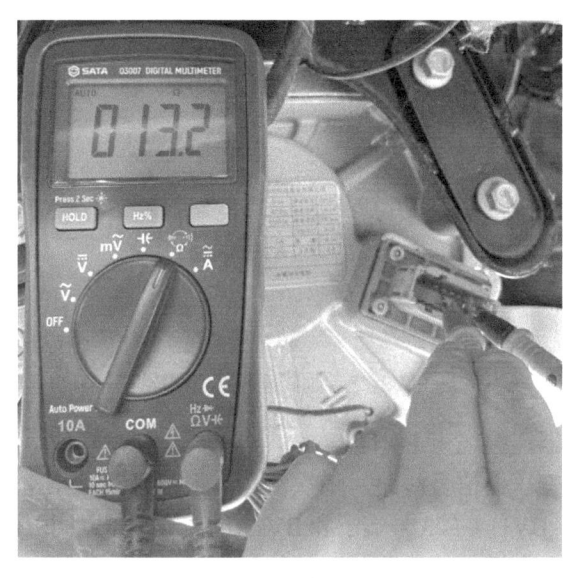

图 2-2-21　正弦绕组阻值测量

（5）测量电机旋转变压器的余弦绕组阻值，实测值为 14.1Ω，如图 2-2-22 所示，正常值为 14.5±1.5Ω，说明余弦绕组阻值正常。

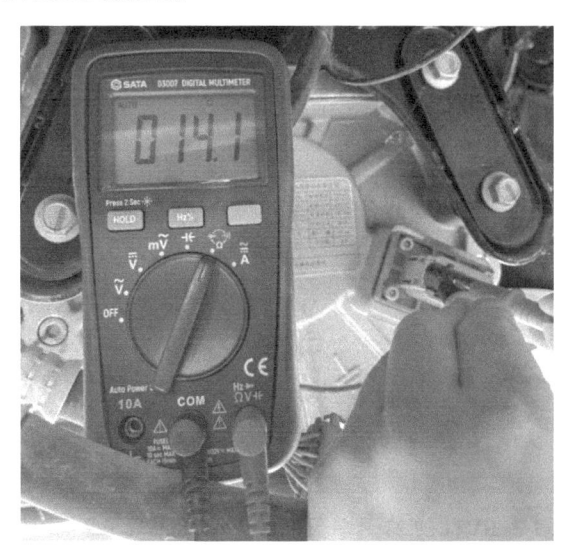

图 2-2-22　余弦绕组阻值测量

（6）测量电机旋转变压器的励磁绕组阻值，实测值为 8.9Ω，如图 2-2-23 所示，正常值为 9.5±1.5Ω，说明励磁绕组阻值正常。

图 2-2-23 励磁绕组阻值测量

（7）断开电机控制器连接线束 BV11。
（8）检测电机旋转变压器信号线路。依次测量 6 根信号线，正常阻值都应小于 1Ω。
（9）经过实际测量，BV11 的 23 号端子和 BV13 的 8 号端子之间阻值为无穷大，如图 2-2-24 所示，说明电机控制器到电机之间线路断路，随后进行线路的维修。

图 2-2-24 BV11 的 23 号端子和 BV13 的 8 号端子之间阻值测量

（10）车辆恢复，打开点火开关，车辆正常上电，可挂挡行驶，故障排除。
（11）连接诊断仪，再次读取故障码，清除历史故障码。

项目三　减速器检测与诊断

项目描述

电机的速度-转矩特性非常适合汽车驱动的需求，纯电动模式下，汽车的驱动系统不再需要多挡位的变速器，只需配备单挡减速器，采用前进挡和倒挡共用结构进行设计即可，倒挡通过整车电机转动实现，驱动系统结构得以大幅简化。本项目重点介绍减速器的结构、原理与检测，包含以下两个任务：

任务一　减速器总成分解与组装
任务二　减速器检测

通过以上两个任务的学习，你能够了解减速器的功能和结构，熟悉减速器的动力传递原理、P挡的功能及控制原理，掌握减速器总成分解与组装方法及减速器的检测方法。

任务一　减速器总成分解与组装

学习目标

知识目标：
1. 了解减速器的功能。
2. 掌握减速器的结构。
3. 掌握减速器的工作原理。

能力目标：
1. 能够规范进行减速器总成分解。
2. 能够规范进行减速器总成组装。

素质目标：
1. 培养学生的团队协作与沟通表达能力。
2. 培养学生的安全意识、规范意识与责任意识。
3. 培养学生的环境保护意识。

任务导入

一辆比亚迪E5新能源汽车，行驶里程为156000km，存在底盘漏油现象，于是车主便开到新能源汽车维修站进行检修，经过技师检查，确定减速器存在渗油故障，需要对减速器进行分解、检修和组装，以消除减速器渗油故障。

知识准备

一、减速器的功能

减速器介于驱动电机和驱动半轴之间，驱动电机的动力输出轴通过花键直接与减速器输入轴齿轮连接。一方面减速器将驱动电机的动力传给半轴，起到降低转速、增大转矩的作用，另一方面可实现汽车转弯及在不平路面上行驶时，左右驱动轮以不同的转速旋转，保证车辆的平稳运行。减速器安装位置如图 3-1-1 所示。

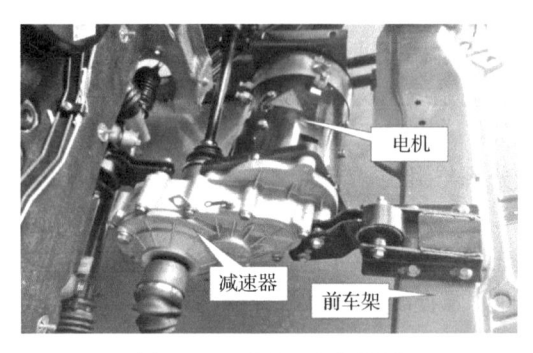

图 3-1-1　减速器安装位置

二、减速器的结构

新能源汽车多采用固定速比的减速器与驱动电机搭配，从而省去了变速器、离合器等部件。新能源汽车将减速器和差速器合二为一制作在一个壳体中。减速器由右箱体、左箱体、输入轴组件、中间轴组件、差速器等构成，如图 3-1-2 所示，具有体积小、结构紧凑的特点。

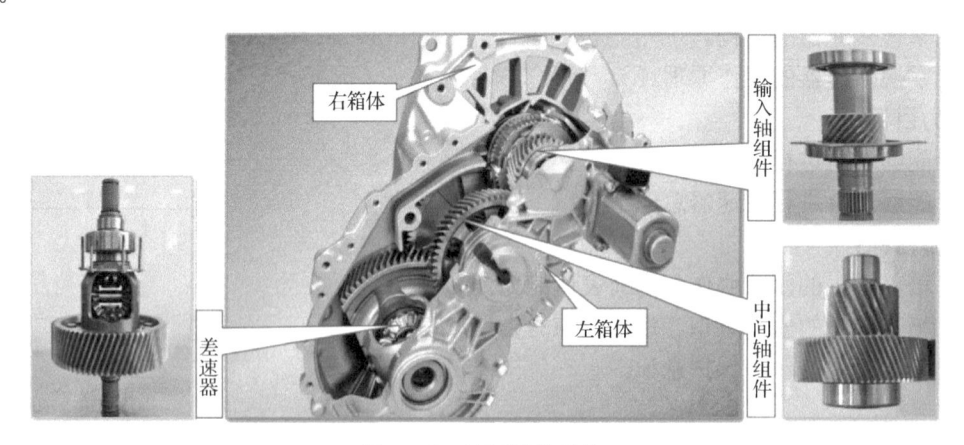

图 3-1-2　减速器的结构

北汽 EU7 新能源汽车装备的减速器总成，采用左右分箱式，结构紧凑、刚性好，易于加工，拆装方便。该减速器主要有以下优点：转速高、输出转矩大；NVH 性能好；传递效率高，最高效率为 97%；提升整车在坡道上的驻车可靠性；耐久可靠性强，工作温度范围广。北汽 EU7 减速器技术参数如表 3-1-1 所示。

表 3-1-1 北汽 EU7 减速器技术参数

技 术 指 标	技 术 参 数
最高输入转速	12000r/min
峰值转矩	300N·m
驱动方式	前置前驱
减速比	8.28
驻车功能	电子 P 挡驻车
质量	30kg
润滑油油量	1.8±0.1L
设计寿命	10 年或 30 万 km

三、减速器的工作原理

减速器动力传动机械部分是依靠两级齿轮副来实现减速增扭的。动力由驱动电机输入，经过两级减速，由差速器将动力分配至两侧车轮。减速器动力传递路线为：驱动电机→输入轴→输入轴齿轮→中间轴齿轮 1→中间轴齿轮 2→差速器齿轮→左、右半轴→左、右车轮，如图 3-1-3 所示。

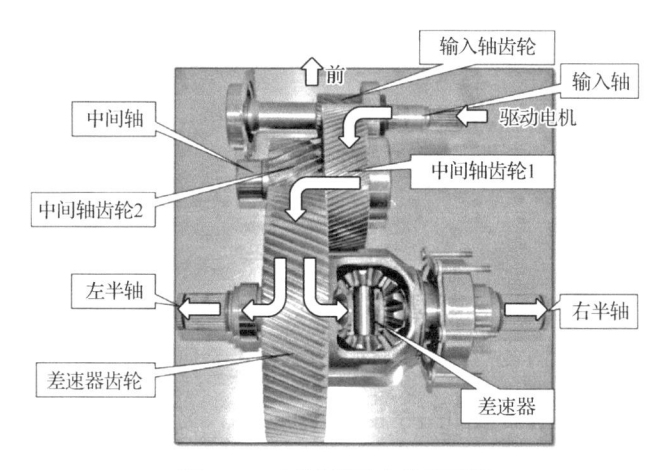

图 3-1-3 减速器动力传递路线

任务实施

一、任务内容

1. 减速器总成分解。
2. 减速器总成组装。

二、任务准备

1. 防护装备：绝缘鞋、防护眼镜、绝缘手套、防酸碱手套。
2. 设备及工具：减速器总成台架一台、新能源汽车维修组合工具。
3. 辅助材料：高压电维修警示牌、绝缘垫、灭火器、清洁剂。

三、实施步骤

（一）减速器总成分解

（1）拆卸放油螺栓，排放润滑油，如图 3-1-4 所示。

图 3-1-4　排放润滑油

（2）拆卸减速器与驱动电机接合面固定螺栓，如图 3-1-5 所示。

图 3-1-5　拆卸减速器与驱动电机接合面固定螺栓

（3）分离驱动电机与减速器，如图 3-1-6 所示。

图 3-1-6　分离驱动电机与减速器

（4）拆卸前端盖固定螺栓，如图 3-1-7 所示。

图 3-1-7　拆卸前端盖固定螺栓

（5）拆卸后端盖固定螺栓，如图 3-1-8 所示。

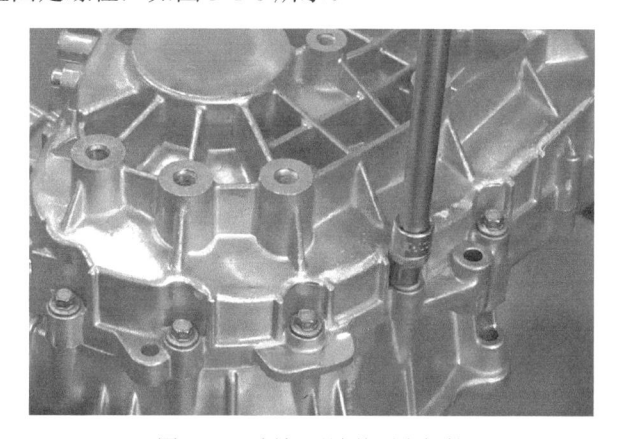

图 3-1-8　拆卸后端盖固定螺栓

（6）取下减速器后端盖，如图 3-1-9 所示。

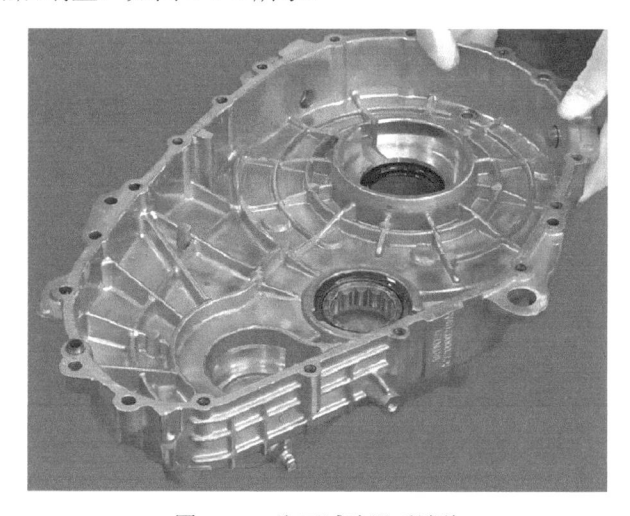

图 3-1-9　取下减速器后端盖

（7）拆卸差速器固定螺栓，如图 3-1-10 所示。

图 3-1-10　拆卸差速器固定螺栓

（8）使用千斤顶从下方缓缓向上顶差速器轴，使差速器轴齿轮与中间轴齿轮脱离，取出差速器轴总成，如图 3-1-11 所示。

图 3-1-11　取出差速器轴总成

（9）拆卸中间轴总成固定螺栓，如图 3-1-12 所示。

图 3-1-12　拆卸中间轴总成固定螺栓

（10）取出中间轴总成，如图 3-1-13 所示。

图 3-1-13　取出中间轴总成

（11）拆卸输入轴总成固定螺栓，如图 3-1-14 所示。

图 3-1-14　拆卸输入轴总成固定螺栓

（12）取出输入轴总成，如图 3-1-15 所示。

图 3-1-15　取出输入轴总成

（二）减速器总成组装

（1）安装输入轴总成，如图 3-1-16 所示。

图 3-1-16　安装输入轴总成

（2）安装中间轴总成，如图 3-1-17 所示。

图 3-1-17　安装中间轴总成

（3）安装差速器轴总成，如图 3-1-18 所示。

图 3-1-18　安装差速器轴总成

(4)安装差速器轴固定螺母,如图 3-1-19 所示。

图 3-1-19　安装差速器轴固定螺母

(5)放置垫片,如图 3-1-20 所示。

图 3-1-20　放置垫片

(6)安装后端盖固定螺栓,如图 3-1-21 所示。

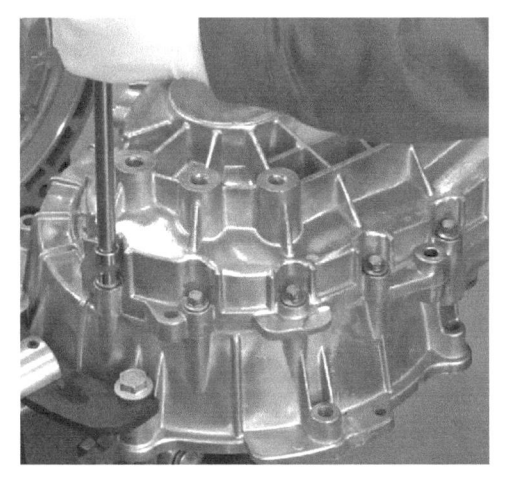

图 3-1-21　安装后端盖固定螺栓

（7）安装前端盖固定螺栓，如图 3-1-22 所示。

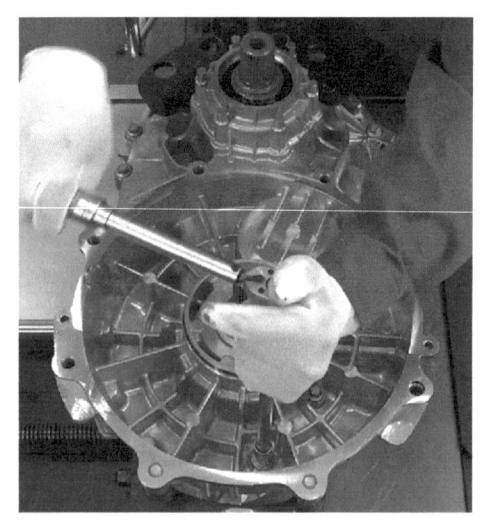

图 3-1-22　安装前端盖固定螺栓

（8）加注齿轮油，如图 3-1-23 所示。

图 3-1-23　加注齿轮油

（9）组装减速器与驱动电机，如图 3-1-24 所示。

图 3-1-24　组装减速器与驱动电机

任务二　减速器检测

学习目标

知识目标：
1. 了解减速器 P 挡的功能。
2. 掌握减速器 P 挡的控制原理。

能力目标：
1. 能够规范进行后端盖接合面到差速器后轴承安装面深度检测。
2. 能够规范进行前端盖接合面到差速器后轴承上端面高度检测。

素质目标：
1. 培养学生的分析问题、解决问题的能力。
2. 培养学生的安全生产、规范操作意识。
3. 培养学生良好的职业意识、职业道德和责任心。

任务导入

一辆新能源汽车在行驶过程中出现加速异响的现象，车主把车辆开到新能源汽车维修站进行检修，经过技师初步诊断，确定减速器内部存在故障，需要进一步检测减速器，你知道如何安全、规范地对减速器进行检测吗？

知识准备

一、减速器 P 挡的功能

P 挡为驻车挡，当驾驶员将挡位切换到 P 挡时，P 挡执行机构将变速器输出轴锁止，保证车辆在静止状态下无法移动以实现驻车功能，也可实现坡道上的辅助驻车功能。若车辆需要在某一固定位置上停留较长时间，驾驶员可通过挂 P 挡保证车辆稳定可靠停车。车辆下电后，车辆将自动切换至 P 挡驻车。

北汽 EU7 车型 P 挡执行机构采用 12V 直流永磁同步电机进行自动驱动，P 挡驻车组件如图 3-2-1 所示，P 挡电机安装位置如图 3-2-2 所示，由专用的 P 挡控制器进行控制。

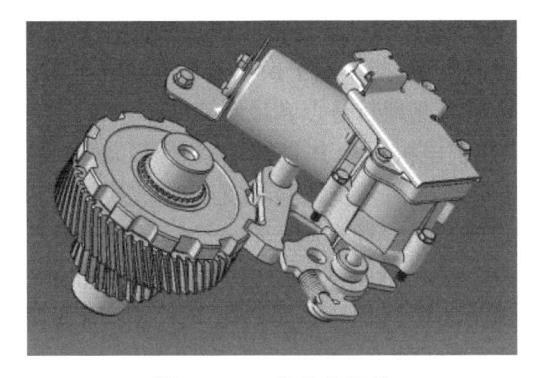

图 3-2-1　P 挡驻车组件

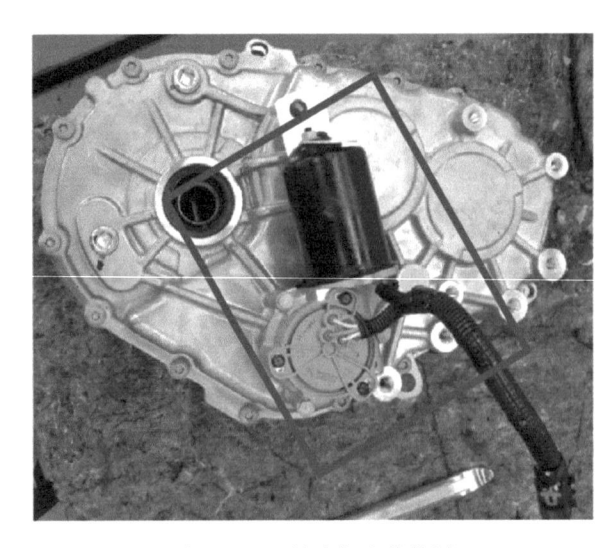

图 3-2-2 P 挡电机安装位置

二、减速器 P 挡的控制原理

吉利帝豪 EV450 驻车控制流程图如图 3-2-3 所示。

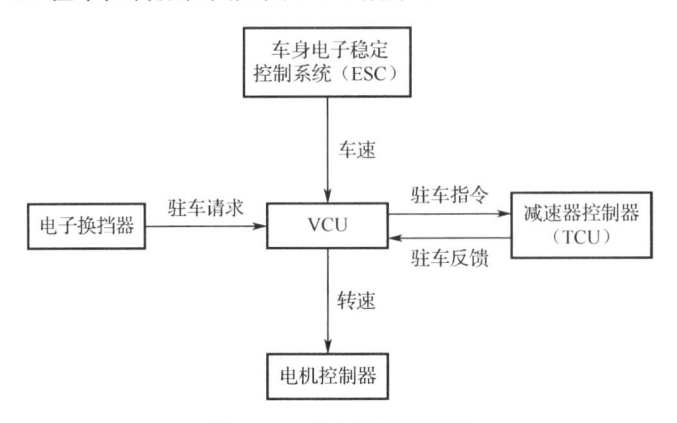

图 3-2-3 驻车控制流程图

驾驶员操作电子换挡器进入 P 挡，电子换挡器将驻车请求信号发送到整车控制器（VCU），VCU 结合当前驱动电机转速及轮速情况判断是否符合驻车条件。当符合条件时，VCU 发送驻车指令到减速器控制器（TCU），TCU 控制驻车电机进入 P 挡，锁止减速器。驻车完成后，TCU 将收到减速器发出的 P 挡位置信号，并将此信号反馈给 VCU，完成换挡过程。

驾驶员操作电子换挡器退出 P 挡，电子换挡器将解除驻车请求信号发送给 VCU，VCU 结合当前驱动电机转速及轮速情况判断是否满足解除驻车条件，当符合条件时，VCU 发送解除驻车指令到 TCU，TCU 控制电机解除 P 挡锁止减速器。解除驻车完成后，TCU 将收到减速器发出的挡位位置信号，并将此信号反馈给 VCU，完成换挡过程。

TCU 控制减速器上的驻车电机。驻车电机有一个编码器，输出 4bit 代码用来确定驻车电机位置。TCU 接口通过汽车 CAN 总线接收来自其他车辆系统的信息（驱动电机转速、车速、停车请求等）。TCU 接收相关的换挡条件和换挡请求，直接控制驻车电机驱动棘爪扣入或松开棘轮，达到驻车或解除驻车的目的。

减速器 P 挡控制原理如图 3-2-4 所示。

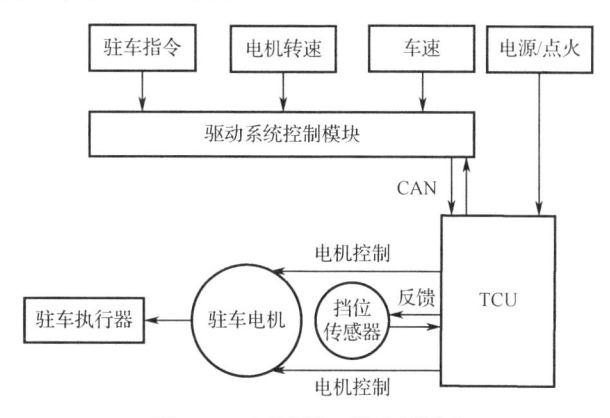

图 3-2-4 减速器 P 挡控制原理

驻车换挡时驻车条件为：
（1）无普通编码器故障。
（2）无电机开路、对地短路、对电源短路故障。
（3）供电电压在 9~16V 之间。
（4）上一次换挡过程已完成。
（5）接收到 VCU 的锁止请求。
（6）车速小于 5km/h。

驻车换挡时解除驻车条件为：
（1）无普通编码器故障。
（2）无电机开路、对地短路、对电源短路故障。
（3）供电电压在 9~16V 之间。
（4）上一次换挡过程已完成。
（5）接收到 VCU 的解锁请求。
（6）车轮未发生滑移。

任务实施

一、任务内容

差速器轴总成安装间隙检测。

二、任务准备

1．防护装备：绝缘鞋、防护眼镜、绝缘手套、防酸碱手套。
2．设备及工具：减速器总成台架（一台）、新能源汽车维修组合工具、基准尺、深度尺、高度尺。
3．辅助材料：高压电维修警示牌、绝缘垫、灭火器、清洁剂。

三、实施步骤

（1）分离驱动电机与减速器，如图3-2-5所示。

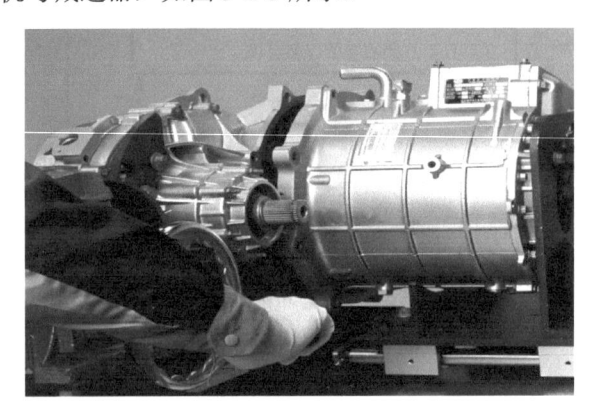

图3-2-5　分离驱动电机与减速器

（2）取出副轴后轴承固定卡簧，如图3-2-6所示。

图3-2-6　取出副轴后轴承固定卡簧

（3）取下变速器后端盖，如图3-2-7所示。

图3-2-7　取下变速器后端盖

（4）使用深度尺测量后端盖接合面到差速器后轴承安装面深度，如图3-2-8所示。

图 3-2-8　测量后端盖接合面到差速器后轴承安装面深度

（5）使用高度尺测量前端盖接合面到差速器后轴承上端面高度，如图 3-2-9 所示。

图 3-2-9　测量前端盖接合面到差速器后轴承上端面高度

计算差速器轴总成的安装间隙（差速器轴总成安装间隙=深度值-高度值-(0.05～0.1)），比较计算值与表 3-2-1 中标准垫片厚度，选取合适垫片（选取原则：取大不取小），装回后端盖。如安装间隙超出垫片最大值，则减速器做报废处理。

表 3-2-1　标准垫片厚度

序　号	厚度 f（mm）	序　号	厚度 f（mm）
1	0.50	9	0.90
2	0.55	10	0.95
3	0.60	11	1.00
4	0.65	12	1.05
5	0.70	13	1.10
6	0.75	14	1.15
7	0.80	15	1.20
8	0.85		

项目四 驱动电机冷却系统检测与诊断

项目描述

新能源汽车驱动电机和控制器在工作时会产生大量的热，需要采用冷却系统进行冷却，冷却系统设计质量将直接影响驱动电机和控制器的安全运行和使用寿命。本项目重点介绍驱动电机冷却系统的功能、类型、结构及工作原理，包含以下两个任务：

任务一 驱动电机冷却系统部件更换
任务二 驱动电机冷却系统故障检测与诊断

通过以上两个任务的学习，你能够了解驱动电机冷却系统的功能和类型，熟悉驱动电机冷却系统的结构和工作原理，掌握驱动电机冷却系统部件更换及检测方法。

任务一 驱动电机冷却系统部件更换

学习目标

知识目标：
1．了解驱动电机冷却系统的功能。
2．掌握驱动电机冷却系统的类型。
3．掌握驱动电机冷却系统的结构。

能力目标：
1．能够规范进行电动水泵的拆卸。
2．能够规范进行电动水泵的安装。

素质目标：
1．培养学生发现问题、解决问题的能力。
2．培养学生的安全意识、规范意识与责任意识。
3．培养学生的环境保护意识。

任务导入

一辆新能源汽车，行驶里程为186000km，仪表盘上电机温度过高指示灯亮，于是车主便把车托运到新能源汽车维修站进行检修，经过技师检查，初步判断电动水泵发生故障，需要更换水泵，你能完成这个任务吗？

📖 知识准备

一、驱动电机冷却系统的功能

驱动电机转子高速旋转会产生高温，热量通过机体传递，永磁同步电机在高温下永磁转子会产生退磁现象，如果不加以降温，驱动电机将无法正常工作，所以驱动电机内设置有冷却液道，通过冷却液的循环与外界进行热交换。这样能将驱动电机的工作温度保持在一定范围内，防止驱动电机过热。

电机控制器控制驱动电机的高压三相供电，部分车型还集成了将动力电池的高压直流电转化成低压直流电的功能。在此过程中会产生热量，需要通过冷却液循环散热。

新能源汽车驱动电机冷却系统的作用是将驱动电机、电机控制器产生的热量及时散发出去，保证其在正常温度范围内高效工作。

二、驱动电机冷却系统的类型

驱动电机冷却系统根据介质不同，可分为风冷系统、水冷系统和油冷系统。

1. 风冷系统

以空气为冷却介质的冷却系统称为风冷系统。风冷系统主要通过自带的同轴风扇来形成内风路循环或外风路循环，通过风扇产生足够的风，以带走电机所产生的热量，介质为电机周围的空气，将空气直接送入电机内，空气吸收热量后向周围环境排除。其优点是结构简单，不用设计独立的冷却零件，维护方便、成本低；缺点是散热效果不太好和效率不高，工作可靠性差，对天气和环境的要求较高。为满足散热量需求，驱动电机需要增大与气流的接触面积，导致电机体积和成本增加；驱动电机在车辆上使用时对应的工况较为复杂，风冷系统无法在各工况下均保持所需的散热量，因此仅热负荷小的小型车驱动电机或辅助电机采用风冷系统。

2. 水冷系统

以冷却液为冷却介质的冷却系统称为水冷系统。与空气相比，液体具有更高的比热，且可以根据需要主动调节系统温度，因此水冷系统稳定性更高，可迅速带走热量，实现温度的快速降低，提高电机的效率和寿命。其优点是有较好的冷却介质，具有很大的比热和导热系数，价廉、无毒、不助燃、无爆炸危险，可提高材料的利用率；缺点是对水道的密封性和耐腐蚀性要求高，在冬天必须添加防冻液。目前国内新能源汽车主要采用水冷系统，水冷技术难度较低，已实现产业化。通过布置在驱动电机壳体内的水道，冷却液将驱动电机工作时产生的热量带走，确保驱动电机在高效率区间运行。

3. 油冷系统

油本身具有局部不导磁、不易燃、不导电、导热好的特性，对电机磁路无影响，因此散热效率更高，国内外一些研究机构及企业大力发展喷油冷却方式，对电机绕组端部实现喷油冷却。其优点是绝缘性能良好，机油沸点比水高，不易沸腾；凝点比水低，不易结冰。在HEV/PHEV上多采用与发动机、变速器更方便集成的油冷电机。油冷电机可省去电机与变速器之间的油封，或采用寿命更长的油润滑轴承，提高电机使用寿命。目前油冷电机生产成本高、设备折旧费用高，还有待开发新技术。

三、冷却系统的结构

新能源汽车驱动电机冷却系统一般采用水冷方式，通过冷却液的循环流动来为电机控制器、驱动电机等散热。水冷式冷却系统主要由电动水泵、散热器、风扇、膨胀水箱、冷却液管等组成，如图 4-1-1 所示。

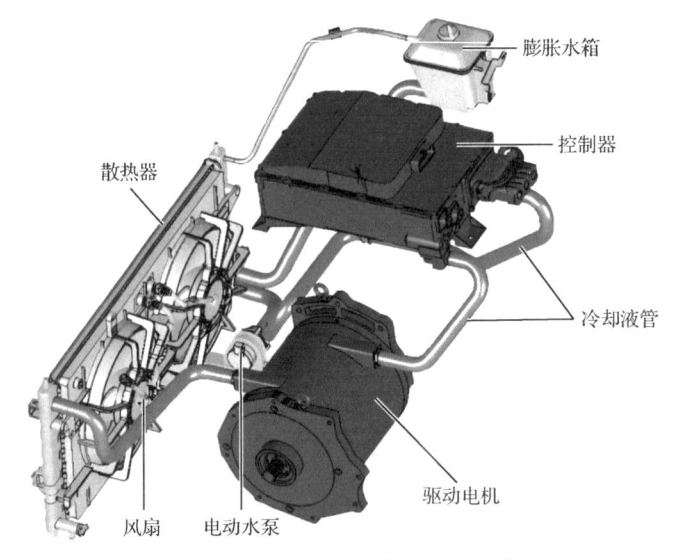

图 4-1-1　驱动电机冷却系统的组成

1. 电动水泵

电动水泵的功能是对冷却液进行加压，保证其在冷却系统中不间断地循环流动。由于电动汽车和传统汽车有一定的区别，电动汽车的水泵驱动方式由机械传动变为电机驱动。电动水泵主要由电机壳体、电刷架、转子、水泵底盖、叶轮、水泵外壳等组成，如图 4-1-2 所示。

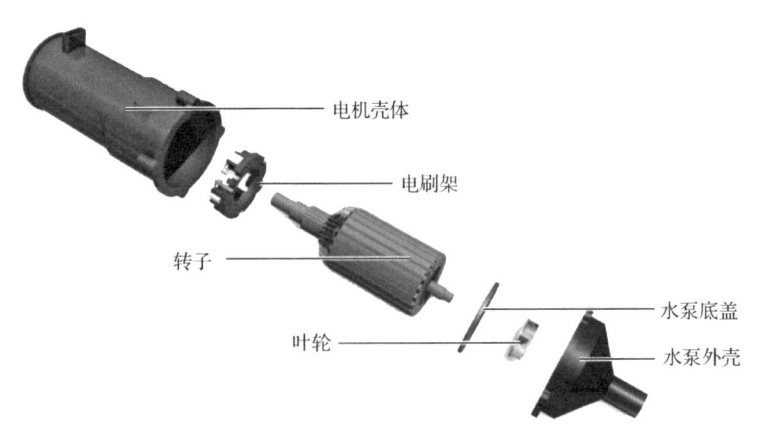

图 4-1-2　电动水泵结构

北汽新能源 ARCFOX 车型采用 PCE 无刷电动水泵，其参数如表 4-1-1 所示，安装位置如图 4-1-3 所示。

表 4-1-1　北汽新能源 ARCFOX 车型 PCE 无刷电动水泵参数

名　　称	参　　数
静态电流	<40.0mA（PCE-XL 电动水泵没有休眠模式）
额定功率	70W
额定工作电压	12V
额定工作电流	7.2A
峰值电流及持续时间	12A/20ms
峰值电流发生频次	NA
工作电压范围	8～16V

图 4-1-3　北汽新能源 ARCFOX 车型 PCE 无刷电动水泵安装位置

PCE 无刷电动水泵采用了无刷技术并且优化了内部液压部分的设计，效率提高了 39%。由于设计紧凑，质量减轻（最大 620g），CO_2 排放量显著降低。该水泵噪声较小，可用于混合动力汽车或者电动车。通过 PWM 或 LIN 的接口来实现速度控制和诊断功能。PCE 带有内部诊断功能，会将不同的失效模式（比如温度过高、堵转等）报告给控制单元。如果故障持续时间超过预定时间，水泵默认为"紧急模式"，此时会降低功率，以确保导入功能（例如电力电子元件的冷却）。无刷驱动和稳健的设计确保了电动水泵的高耐久性。

PCE 无刷电动水泵的优点如下：

（1）效率较高，速度可控制和质量较小，碳排放降低。

（2）噪声降低。

（3）覆盖广泛的液压范围。

（4）具备不同失效反馈的自诊断功能。

（5）功率密度高。

（6）耐久性高。

（7）技术领先：PCE 无刷电动水泵是离心式水泵。泵体内的定子和电子元件与转子相分离。通电时，电子元件通过定子绕组产生可变的磁场，驱动转子（叶轮）转动，从而实现液体流动。

2. 膨胀水箱

膨胀水箱由溢流管接口、膨胀水箱盖、壳体、补偿管接口组成，如图 4-1-4 所示。一般在膨胀水箱外部压制"MAX"和"MIN"刻度，便于观察冷却液液位。膨胀水箱主要的作用就是当冷却液温度升高时，体积变大，散热器里膨胀的冷却液会回流到膨胀水箱，防止散热器压力过高；相反，当散热器里的冷却液不足时可由膨胀水箱补充冷却液。

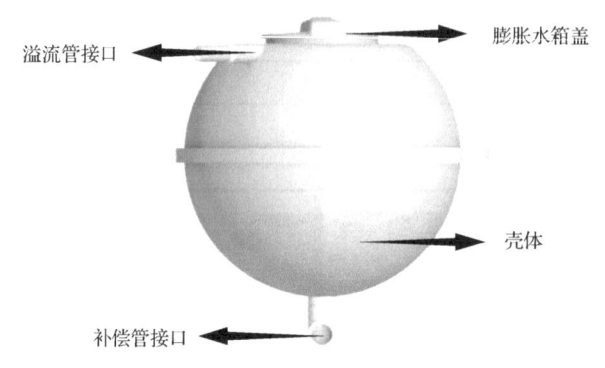

图 4-1-4 膨胀水箱的组成

车辆中冷却液温度过高时，产生的蒸汽在散热器中流动并通过导管进入膨胀水箱，使汽、液彻底分离。膨胀水箱内的冷却液温度比较低，可以让气体得到冷却，再重新进入电动水泵继续使用。

3. 散热器

散热器主要由左储水室、右储水室、散热片、散热器芯等部件组成，如图 4-1-5 所示。

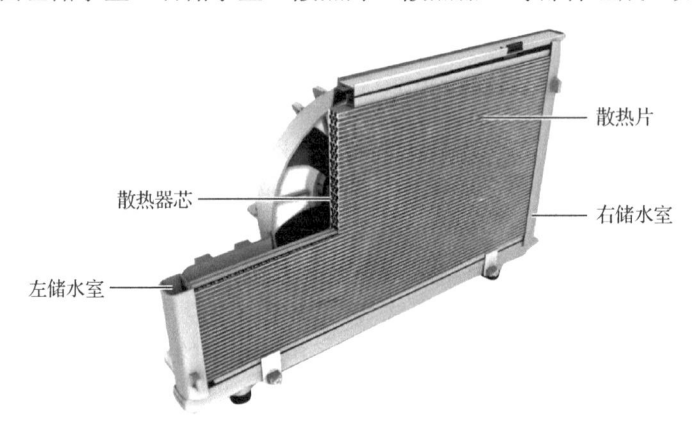

图 4-1-5 散热器的结构

散热器中各散热片之间留有空隙，空气从散热片的空隙中通过，冷却液在散热器芯内流动，冷却空气将冷却液中的热量带走。散热器实质上是一个热交换器，散热原理如图 4-1-6 所示。

4. 风扇

风扇安装于散热器的后面，当风扇旋转时吸进空气使其通过散热器，以增强散热器的散热能力，加速冷却液的冷却，保证电动汽车主要发热部件始终在最适宜的温度下工作。风扇组件主要由冷却风扇、导风罩和电机等部件组成，如图 4-1-7 所示。

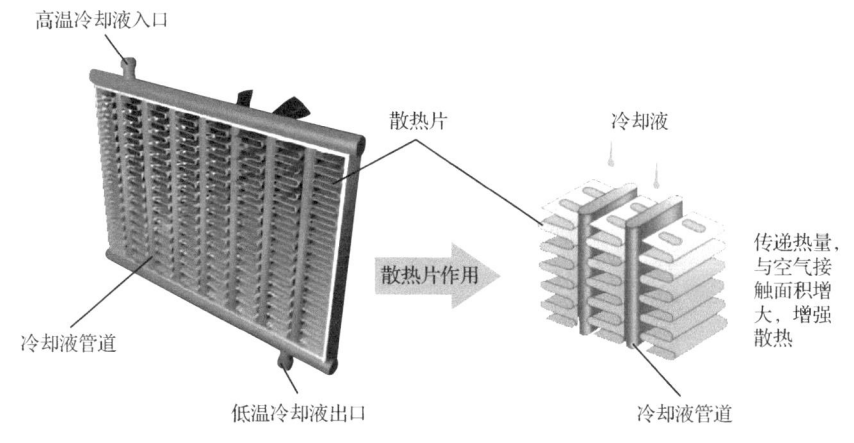

图 4-1-6　散热原理

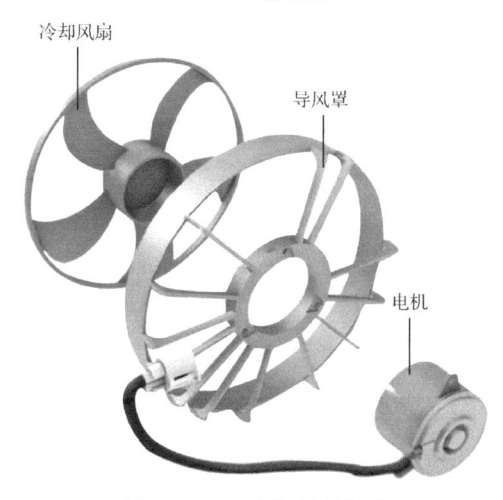

图 4-1-7　风扇组件的结构

任务实施

一、任务内容

1. 电动水泵的拆卸。
2. 电动水泵的安装。

二、任务准备

1. 防护装备：绝缘鞋、防护眼镜、绝缘手套、防酸碱手套。
2. 设备及工具：吉利帝豪EV300或其他新能源汽车一辆、新能源汽车维修组合工具。
3. 辅助材料：高压电维修警示牌、绝缘垫、干粉灭火器、清洁剂。

三、实施步骤

（一）电动水泵的拆卸
（1）打开前机舱盖。
（2）断开蓄电池负极电缆。

(3)断开电动水泵线束连接器,如图 4-1-8 所示。

图 4-1-8　断开电动水泵线束连接器

(4)拆卸电动水泵支架固定螺栓,如图 4-1-9 所示。

图 4-1-9　拆卸电动水泵支架固定螺栓

(5)拆卸散热器出水管环箍,如图 4-1-10 所示,脱开散热器出水管(电动水泵侧),并在车辆底部放置容器,接住防冻液。

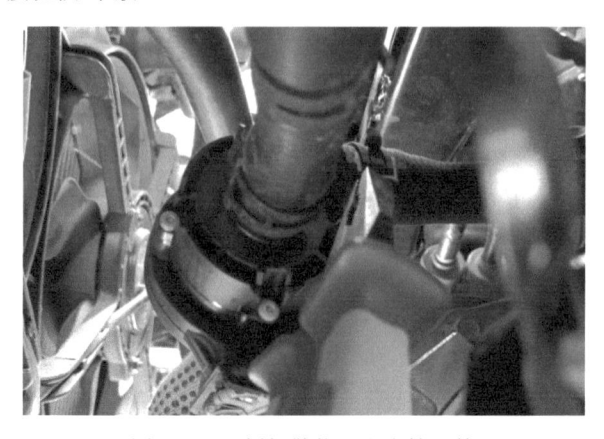

图 4-1-10　拆卸散热器出水管环箍

（6）拆卸电机控制器总成进水管环箍，如图 4-1-11 所示，脱开电机控制器总成进水管（电动水泵侧），并在车辆底部放置容器，接住防冻液，取下电动水泵总成。

图 4-1-11　拆卸电机控制器总成进水管环箍

（二）电动水泵的安装

（1）放置电动水泵，连接电机控制器总成进水管，安装环箍。
（2）连接散热器出水管（电动水泵侧），安装环箍。
（3）紧固电动水泵支架固定螺栓，力矩为 23N·m。
（4）连接电动水泵线束连接器。
（5）加注冷却液。
（6）连接蓄电池负极电缆。
（7）关闭前机舱盖。

任务二　驱动电机冷却系统故障检测与诊断

学习目标

知识目标：
1. 了解冷却液温度传感器的结构及原理。
2. 掌握冷却系统的工作原理。

能力目标：
能够规范进行驱动电机过温故障检测与诊断。

素质目标：
1. 培养学生分析问题、解决问题的能力。
2. 培养学生的安全生产、规范操作意识。

📖 任务导入

一辆新能源汽车,行驶里程为 93000km,行驶过程中仪表盘上电机温度过高指示灯亮,于是车主便把车托运到新能源汽车维修站进行检修,你能分析出故障原因并进行维修吗?

📖 知识准备

一、冷却液温度传感器的结构及原理

冷却液温度传感器由铜壳体、绝缘壳体、针脚、绝缘套和热敏电阻等组成,如图 4-2-1 所示。

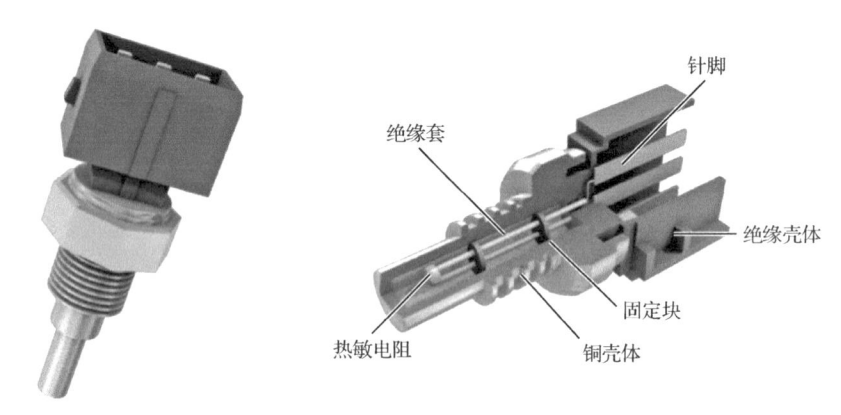

图 4-2-1 冷却液温度传感器结构

冷却液温度传感器为负温度系数电阻器,随着温度的升高,其电阻值下降。其工作原理是主控制器通过传感器电阻的变化测量其电压值,并推算出冷却液温度。冷却液温度传感器安装在驱动电机壳体上,直接与冷却液接触,如图 4-2-2 所示。

图 4-2-2 冷却液温度传感器的安装位置

二、冷却系统的工作原理

冷却系统由电动水泵提供动力,低温冷却液通过冷却管路由散热器流向高压电控总成,冷却液对高压电控总成进行冷却后从出水口流入驱动电机外壳水套,吸收驱动电机的热量后

冷却液升温，随后冷却液从驱动电机的出水口流出经过冷却管路流入散热器，在散热器中冷却液通过流经散热器周围的空气散热而降温，最后冷却液经散热器出水软管返回电动水泵进行往复循环。冷却液流向如图4-2-3所示。

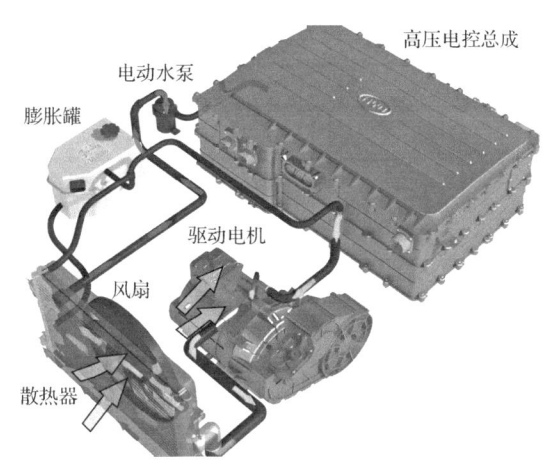

图4-2-3 冷却液流向

冷却系统的控制主要通过温度采集模块和执行模块实现，执行模块具有风扇控制和水泵控制功能。当新能源汽车上电时，主控制器控制水泵继电器，使水泵工作，加快冷却液的流动，温度采集模块主要采集电机控制器的温度、驱动电机的温度，并把信号发送给主控制器，当其中一个温度达到温度阈值时，主控制器都会通过控制风扇的高低速继电器来控制风扇的转速，使驱动电机和电机控制器在合适的温度下工作，冷却系统的工作原理如图4-2-4所示。

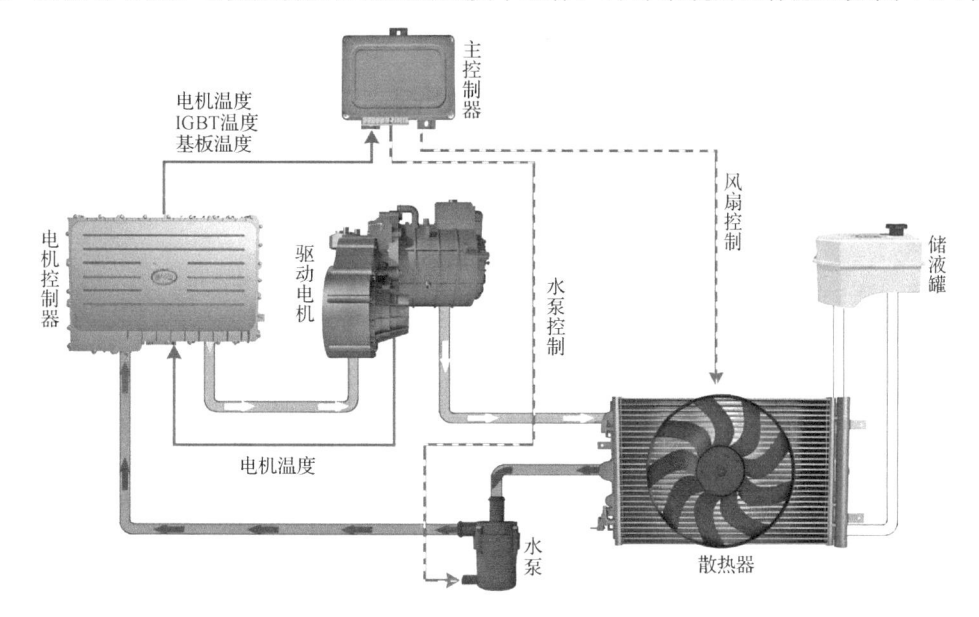

图4-2-4 冷却系统的工作原理

一般冷却风扇都有高、低两个挡位的转速，由主控制器根据温度传感器信号，利用低速风扇继电器和高速风扇继电器进行控制。

低速模式电路图如图4-2-5所示，主控制器控制低速风扇继电器线圈通电形成回路，电流经 F4/110A 熔断器，再经过低速风扇继电器线圈回到主控制器，低速风扇继电器线圈通电后，吸合开关，BATT 电源经过低速风扇继电器到达冷凝风扇电机 9 叶，电流继续经过风扇模式继电器到达冷却风扇电机 7 叶回到接地，冷凝风扇电机 9 叶和冷却风扇电机 7 叶开始低速工作。

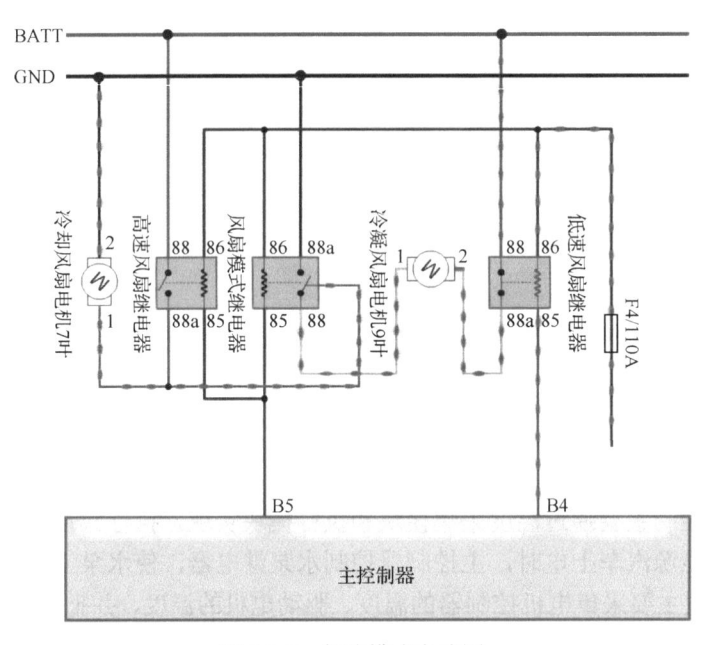

图 4-2-5　低速模式电路图

高速模式电路图如图 4-2-6 所示，当水温传感器检测到水温高于 95℃时，把此信号传输给主控制器。主控制器接收到水温高于 95℃的信号后，控制高速风扇继电器闭合。风扇开始高速运转，对散热器中的冷却液进行更高强度的散热。

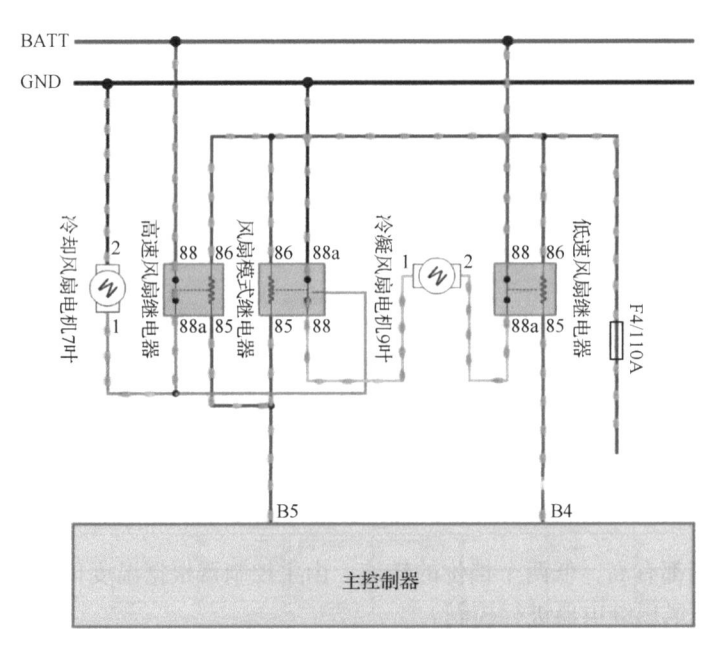

图 4-2-6　高速模式电路图

任务实施

一、任务内容

驱动电机过温故障检测与诊断。

二、任务准备

1. 防护装备：绝缘鞋、防护眼镜、绝缘手套、防酸碱手套。
2. 设备及工具：吉利帝豪 EV450 或其他新能源汽车一辆、新能源汽车维修组合工具、诊断仪、万用表。
3. 辅助材料：高压电维修警示牌、绝缘垫、干粉灭火器、清洁剂。

三、实施步骤

（1）连接诊断仪，操作启动开关使电源处于 ON 状态，读取相关故障码，如表 4-2-1 所示。

表 4-2-1 故障码

故障码	说明
P0A9300	冷却水过温故障
P0A2C00	定子温度最大值超过阈值
P0A2D00	定子温度最小值小于阈值

（2）查阅驱动电机冷却系统相关电路图，如图 4-2-7 所示。电机内部有温度传感器 1 和温度传感器 2，需对温度传感器及控制线路进行检测。

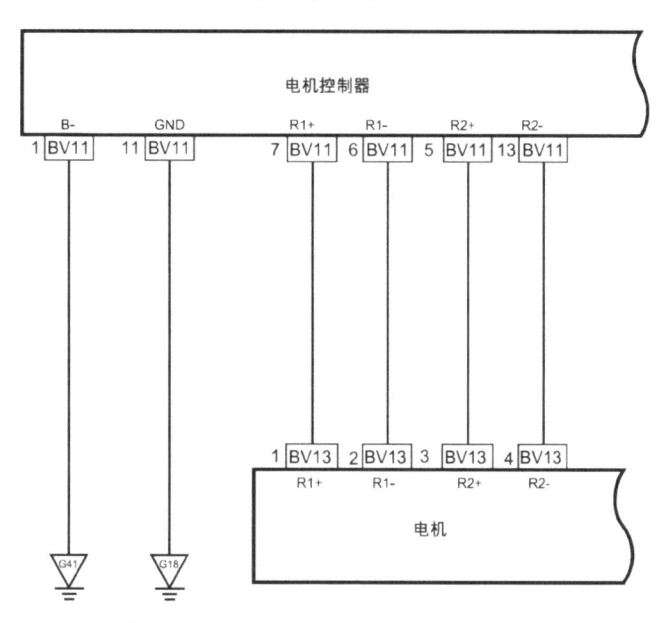

图 4-2-7 驱动电机冷却系统相关电路图

（3）检查冷却液液位是否位于上下刻度之间，如图 4-2-8 所示。

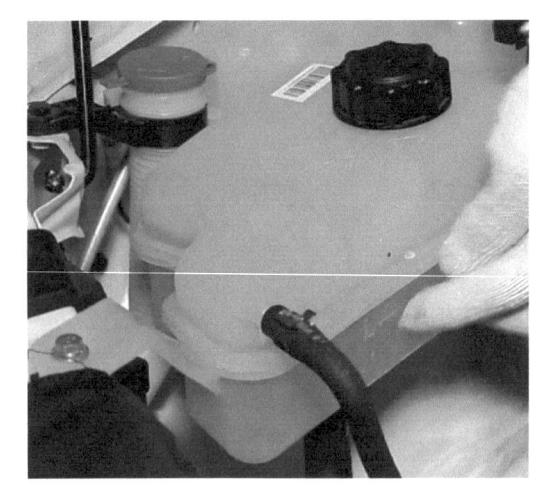

图 4-2-8　检查冷却液液位

（4）车辆上电，用手触碰冷却水泵，确认其正常工作，如图 4-2-9 所示。

图 4-2-9　确认冷却水泵工作情况

（5）检查电机控制器信号屏蔽线路，操作启动开关使电源处于 OFF 状态，断开电机控制器线束连接器 BV11，用万用表电阻挡分别测量电机控制器线束连接器 BV11 的 1 号、11 号端子与车身接地之间的阻值，正常值小于 1Ω，测量值均为 0.7Ω，如图 4-2-10 所示。

图 4-2-10　电机控制器信号屏蔽线路检查

（6）检查电机温度传感器 1、电机温度传感器 2 自身的阻值。

① 用万用表电阻挡测量电机控制器连接器 BV11 端子 6 和端子 7 间阻值，常温下，电机温度传感器 1 的标准阻值为 10.63±0.8kΩ，测量值为 10.5kΩ，如图 4-2-11 所示。

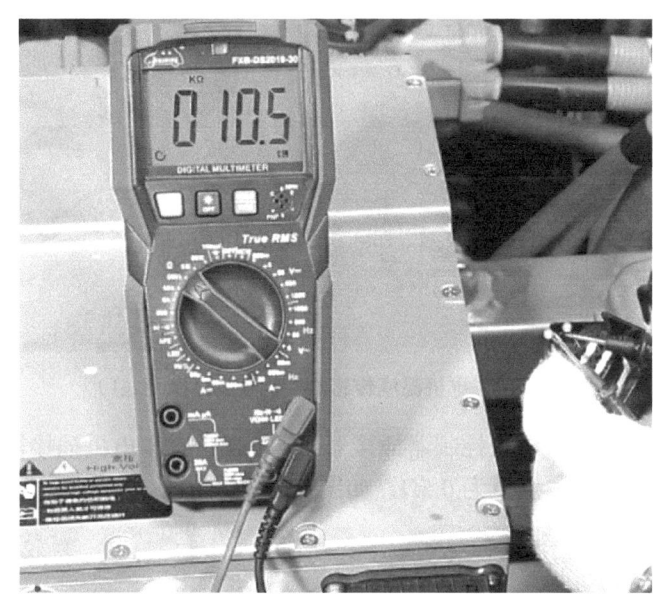

图 4-2-11　电机温度传感器 1 的阻值测量

② 用万用表电阻挡测量电机控制器连接器 BV11 端子 5 和端子 13 间阻值，常温下，电机温度传感器 2 的标准阻值为 10.63±0.8kΩ，测量值为 10.5kΩ，如图 4-2-12 所示。

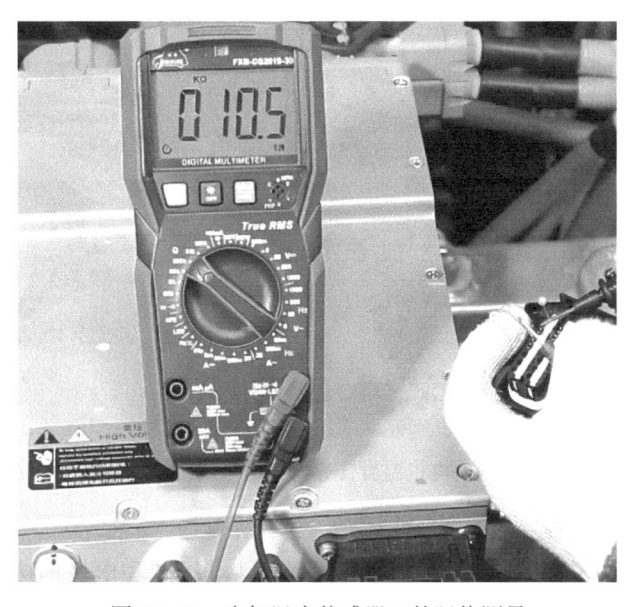

图 4-2-12　电机温度传感器 2 的阻值测量

（7）检查电机温度传感器 1 信号线路。

① 断开驱动电机线束连接器 BV13，用万用表电阻挡测量电机控制器插接器 BV11 端子 7 和电机插接器 BV13 端子 1 之间的电阻，标准值小于 1Ω，测量值为 0.4Ω，如图 4-2-13 所示。

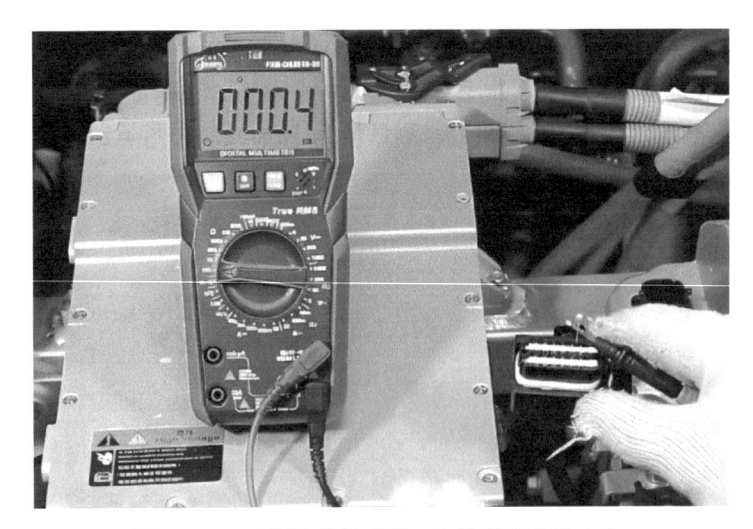

图 4-2-13　电机温度传感器 1 信号线路检测（1）

② 用万用表电阻挡测量电机控制器插接器 BV11 端子 6 和电机插接器 BV13 端子 2 之间的阻值，标准值小于 1Ω，测量值为 0.5Ω，如图 4-2-14 所示。

图 4-2-14　电机温度传感器 1 信号线路检测（2）

（8）检查电机温度传感器 2 信号线路。

① 用万用表电阻挡测量电机控制器插接器 BV11 端子 5 和电机插接器 BV13 端子 3 之间的阻值，标准值小于 1Ω，测量值为 0.8Ω，如图 4-2-15 所示。

② 用万用表电阻挡测量电机控制器插接器 BV11 端子 13 和电机插接器 BV13 端子 4 之间的阻值，标准值小于 1Ω，测量值为无穷大，如图 4-2-16 所示，说明该线束异常，需进行线路的修复。

图 4-2-15　电机温度传感器 2 信号线路检测（1）

图 4-2-16　电机温度传感器 2 信号线路检测（2）

（9）线路修复后车辆可正常上电，可挂挡行驶，故障排除。连接诊断仪，再次读取故障码，清除后无故障码存在。

职业教育产教融合一体化精品教材

新能源汽车驱动电机检测与诊断

工作手册

主编 ◇ 成林　王谷娜　吕江毅

中国工信出版集团　电子工业出版社
PUBLISHING HOUSE OF ELECTRONICS INDUSTRY
http://www.phei.com.cn

目　录

项目一 ·· 1
　　任务一　驱动电机分解与组装 ··· 1
　　任务二　驱动电机更换 ··· 7
　　任务三　驱动电机性能检测 ··· 13
项目二 ·· 22
　　任务一　电机控制器更换 ·· 22
　　任务二　电机控制系统故障检测与诊断 ·· 28
项目三 ·· 36
　　任务一　减速器总成分解与组装 ··· 36
　　任务二　减速器检测 ·· 42
项目四 ·· 48
　　任务一　驱动电机冷却系统部件更换 ·· 48
　　任务二　驱动电机冷却系统故障检测与诊断 ·· 54

项目一

任务一 驱动电机分解与组装

任务准备

1. 请准备以下参考资料。
技术资料、电路图、教材、工作页、网络资源。
2. 根据任务情境描述，在表 1-1-1 中填写本任务实施所需的工具、设备及技术资料清单。

表 1-1-1 工具、设备及技术资料清单表

工具、设备	技术资料清单

3. 安全防护用品准备。
（1）个人安全防护用具如下：

绝缘鞋 　　绝缘手套 　　防酸碱手套　　绝缘垫 　　防护眼镜 　　灭火器

（2）按下图进行绝缘手套检查：

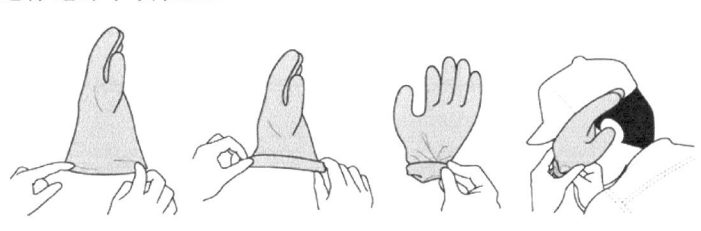

制订计划

进行小组讨论,制订驱动电机分解与组装任务计划,完成表 1-1-2。

表 1-1-2 任务计划表

驱动电机分解与组装任务计划表			
组长		组员	
小组成员分工			
工作计划			

任务实施

1. 登记车辆信息。

品牌/车型		工作电压	
车辆识别码		制造年月	

2. 总结驱动电机的功能。

_____

_____

_____

_____

_____

_____

3. 驱动电机的特点主要有哪些？

_____、

_____、

_____。

4. 要使电动汽车具有良好的使用性能，驱动电机应该满足哪些要求？

_____

_____

_____

_____

_____

_____

5. 请从结构的角度说明直流电机、交流异步电机、永磁同步电机与开关磁阻电机的特点。

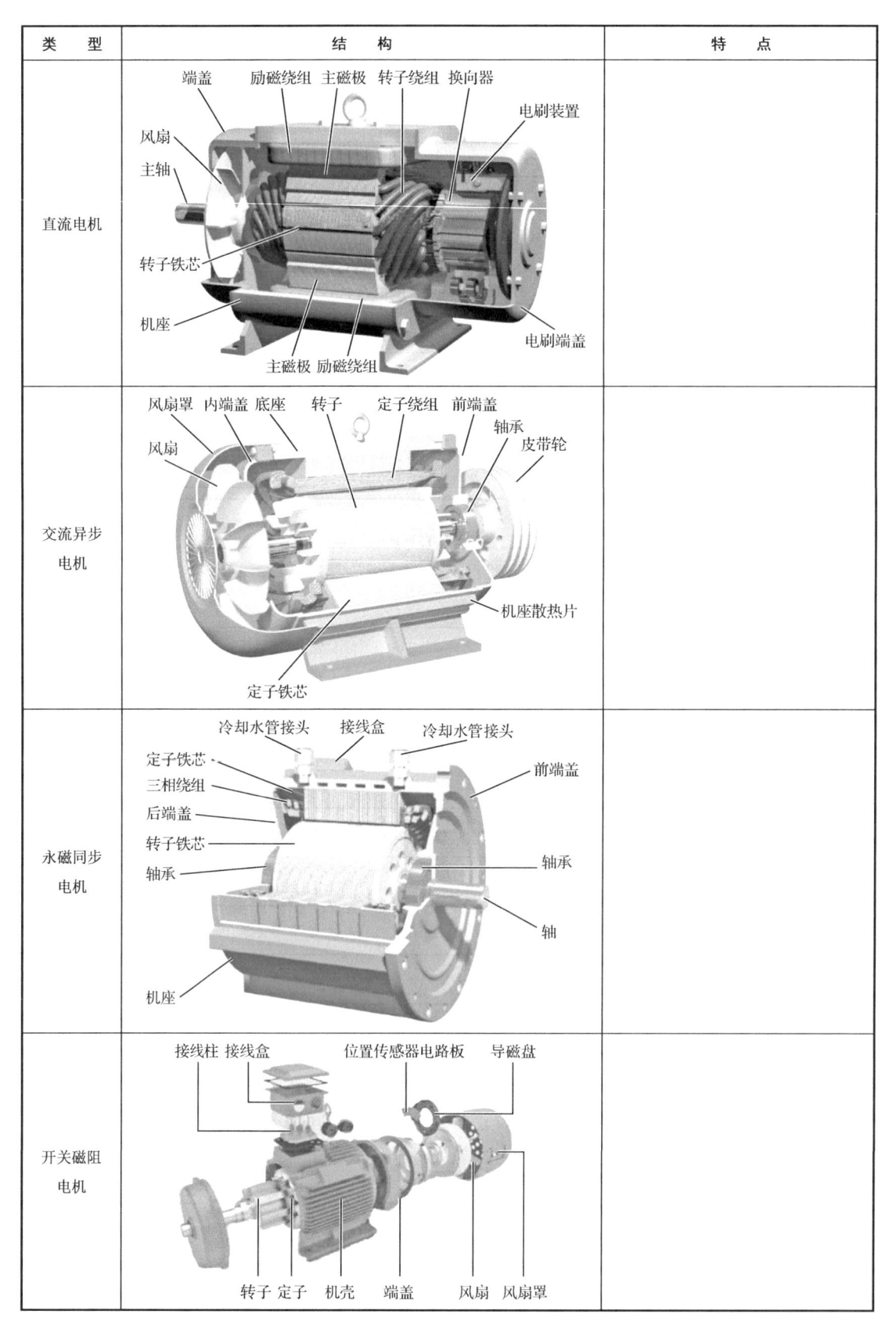

类　型	结　构	特　点
直流电机	端盖　励磁绕组　主磁极　转子绕组　换向器　电刷装置　风扇　主轴　转子铁芯　机座　主磁极　励磁绕组　电刷端盖	
交流异步电机	风扇罩　内端盖　底座　转子　定子绕组　前端盖　轴承　皮带轮　风扇　机座散热片　定子铁芯	
永磁同步电机	冷却水管接头　接线盒　冷却水管接头　定子铁芯　三相绕组　前端盖　后端盖　转子铁芯　轴承　轴承　轴　机座	
开关磁阻电机	接线柱　接线盒　位置传感器电路板　导磁盘　转子　定子　机壳　端盖　风扇　风扇罩	

· 4 ·

6．请填写四种电机的性能。

项　　目	直 流 电 机	交流异步电机	永磁同步电机	开关磁阻电机
峰值效率（%）				
负荷效率（%）				
转速范围（r/min）				
功率密度				
电机质量				
电机外形尺寸				
可靠性				
控制器成本				
过载能力（%）				

7．驱动电机分解要点记录。

（1）＿＿＿＿＿＿＿＿＿＿＿＿＿＿＿＿＿＿＿＿＿＿＿＿＿＿＿＿＿＿＿＿＿＿＿＿
（2）＿＿＿＿＿＿＿＿＿＿＿＿＿＿＿＿＿＿＿＿＿＿＿＿＿＿＿＿＿＿＿＿＿＿＿＿
（3）＿＿＿＿＿＿＿＿＿＿＿＿＿＿＿＿＿＿＿＿＿＿＿＿＿＿＿＿＿＿＿＿＿＿＿＿
（4）＿＿＿＿＿＿＿＿＿＿＿＿＿＿＿＿＿＿＿＿＿＿＿＿＿＿＿＿＿＿＿＿＿＿＿＿
（5）＿＿＿＿＿＿＿＿＿＿＿＿＿＿＿＿＿＿＿＿＿＿＿＿＿＿＿＿＿＿＿＿＿＿＿＿
（6）＿＿＿＿＿＿＿＿＿＿＿＿＿＿＿＿＿＿＿＿＿＿＿＿＿＿＿＿＿＿＿＿＿＿＿＿

8．安装前检查。

序　号	检查部件	检查结果
1	备件型号	□正常　　　　□异常
2	备件外观检查	□正常　　　　□异常
3	接插件外观检查	□正常　　　　□异常

9．驱动电机组装要点记录。

（1）＿＿＿＿＿＿＿＿＿＿＿＿＿＿＿＿＿＿＿＿＿＿＿＿＿＿＿＿＿＿＿＿＿＿＿＿
（2）＿＿＿＿＿＿＿＿＿＿＿＿＿＿＿＿＿＿＿＿＿＿＿＿＿＿＿＿＿＿＿＿＿＿＿＿
（3）＿＿＿＿＿＿＿＿＿＿＿＿＿＿＿＿＿＿＿＿＿＿＿＿＿＿＿＿＿＿＿＿＿＿＿＿
（4）＿＿＿＿＿＿＿＿＿＿＿＿＿＿＿＿＿＿＿＿＿＿＿＿＿＿＿＿＿＿＿＿＿＿＿＿
（5）＿＿＿＿＿＿＿＿＿＿＿＿＿＿＿＿＿＿＿＿＿＿＿＿＿＿＿＿＿＿＿＿＿＿＿＿
（6）＿＿＿＿＿＿＿＿＿＿＿＿＿＿＿＿＿＿＿＿＿＿＿＿＿＿＿＿＿＿＿＿＿＿＿＿

任务检验

检　验　单		
序　号	标　准	结　果
1	操作流程规范	
2	电机无振动异响	
3	电机转动正常	

续表

检 验 单		
序　号	标　准	结　果
4	诊断仪读取故障码	
综合评价	☆ ☆ ☆ ☆ ☆	
综合评语 （作业问题及改进建议）		
5S 管理		
序　号	检查项目	完 成 情 况
1	清理及整理工具、量具	是□ 否□
2	清理及复原电机台架	是□ 否□
3	清洗场地	是□ 否□
4	物品回收和环保	是□ 否□
5	完善和检查工单	是□ 否□

任务总结

1．简要说明整个操作过程，以及你都学到了哪些知识和技能。

2．请根据自己任务完成的情况，对自己的工作进行评估，并提出改进意见。

3．你还有哪些疑问？

任务二 驱动电机更换

📖 任务准备

1．请准备以下参考资料。
技术资料、电路图、教材、工作页、网络资源。
2．根据任务情境描述，在表 1-2-1 中填写本任务实施所需的工具、设备及技术资料清单。

表 1-2-1　工具、设备及技术资料清单表

工具、设备	技术资料清单

3．安全防护用品准备。
（1）个人安全防护用具如下：

| 绝缘鞋 | 绝缘手套 | 防酸碱手套 | 绝缘垫 | 防护眼镜 | 灭火器 |

（2）按下图进行绝缘手套检查：

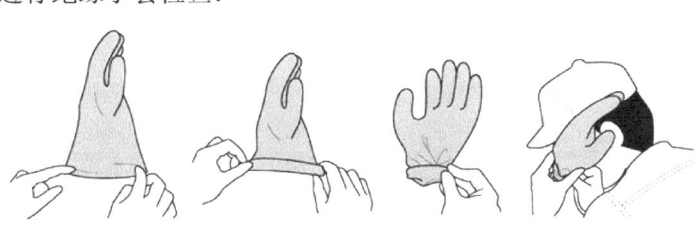

制订计划

进行小组讨论,制订驱动电机更换任务计划,完成表 1-2-2。

表 1-2-2 任务计划表

驱动电机更换任务计划表				
组长		组员		
小组成员分工				
工作计划				

任务实施

1. 登记车辆信息。

品牌/车型		工作电压	
车辆识别码		制造年月	

2. 写出北汽新能源 ARCFOX 动力总成各部件名称。

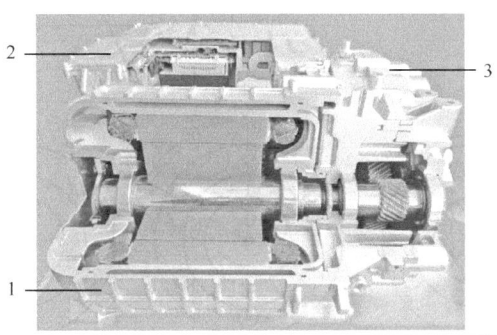

序　号	部　件　名　称
1	
2	
3	

3. 写出下图中交流异步电机的结构组成。

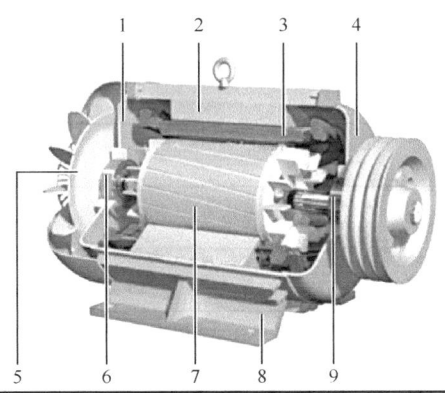

序　号	部　件　名　称
1	
2	
3	
4	
5	
6	
7	

续表

序 号	部 件 名 称
8	
9	

4．根据下图，总结旋转磁场是如何产生的。

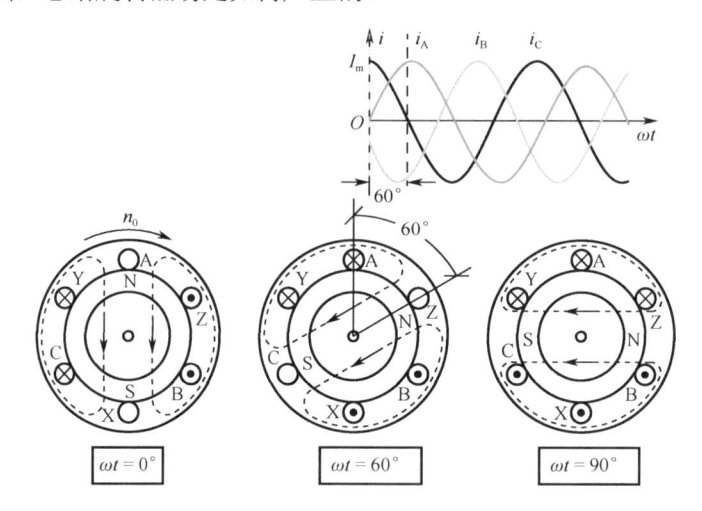

5．总结三相异步电机的工作过程。

6．安装车辆防护用品。

序　号	防护用品	安装情况		
1	安装翼子板布	□是	□否	□无此项
2	安装前格栅布	□是	□否	□无此项
3	安装座椅套	□是	□否	□无此项
4	安装脚垫	□是	□否	□无此项
5	安装转向盘套	□是	□否	□无此项
6	安装换挡旋钮套	□是	□否	□无此项
7	安装车轮挡块	□是	□否	□无此项

7．执行高压作业安全规定。

序　号	作业流程	执行情况		
1	将换挡旋钮置于P位	□是	□否	□无此项
2	拉起驻车制动器	□是	□否	□无此项
3	关闭点火开关	□是	□否	□无此项
4	将钥匙妥善保存	□是	□否	□无此项
5	断开辅助蓄电池负极	□是	□否	□无此项
6	检查安全防护装备	□是	□否	□无此项
7	断开高压电	□是	□否	□无此项
8	放置高压作业维修标志	□是	□否	□无此项
9	使用放电仪放电	□是	□否	□无此项
10	使用万用表测量系统电压	实测电压_____V		

8．拆卸驱动电机要点记录。

（1）_____
（2）_____
（3）_____
（4）_____
（5）_____
（6）_____
（7）_____
（8）_____
（9）_____
（10）_____

9. 安装前检查。

序　号	检 查 部 件	检 查 结 果
1	备件型号	□正常　　　　□异常
2	备件外观检查	□正常　　　　□异常
3	接插件外观检查	□正常　　　　□异常

10. 安装驱动电机要点记录。

（1）_____
（2）_____
（3）_____
（4）_____
（5）_____
（6）_____
（7）_____
（8）_____
（9）_____
（10）_____

📖 任务检验

检 验 单		
序　号	标　准	结　果
1	操作流程规范	
2	仪表显示正常	
3	驱动电机正常工作	
4	底盘无异响	
5	整车上电正常	
6	诊断仪读取故障码	
综合评价	☆　☆　☆　☆　☆	
综合评语 （作业问题及改进建议）		
5S 管理		
序　号	检查项目	完成情况
1	清理及整理工具、量具	是□　否□
2	清理及复原车辆	是□　否□
3	清洗场地	是□　否□
4	物品回收和环保	是□　否□
5	完善和检查工单	是□　否□

任务总结

1. 简要说明整个操作过程，以及你都学到了哪些知识和技能。

_____
_____
_____
_____

2. 请根据自己任务完成的情况，对自己的工作进行评估，并提出改进意见。

_____
_____
_____
_____

3. 你还有哪些疑问？

_____
_____
_____
_____

任务三　驱动电机性能检测

任务准备

1. 请准备以下参考资料。
技术资料、电路图、教材、工作页、网络资源。
2. 根据任务情境描述，在表 1-3-1 中填写本任务实施所需的工具、设备及技术资料清单。

表 1-3-1　工具、设备及技术资料清单表

工具、设备	技术资料清单

3．安全防护用品准备。

（1）个人安全防护用具如下：

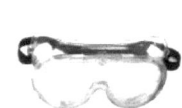

绝缘鞋　　　绝缘手套　　　防酸碱手套　　　绝缘垫　　　防护眼镜　　　灭火器

（2）按下图进行绝缘手套检查：

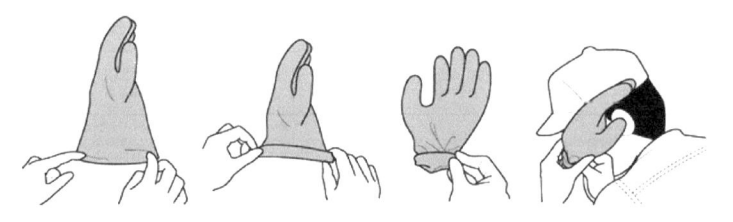

制订计划

进行小组讨论，制订驱动电机性能检测任务计划，完成表 1-3-2。

表 1-3-2 任务计划表

驱动电机性能检测任务计划表				
组长		组员		
小组成员分工				
工作计划				

任务实施

1. 登记车辆信息。

品牌/车型		工作电压	
车辆识别码		制造年月	

2. 总结电动汽车动力总成布置形式优缺点。

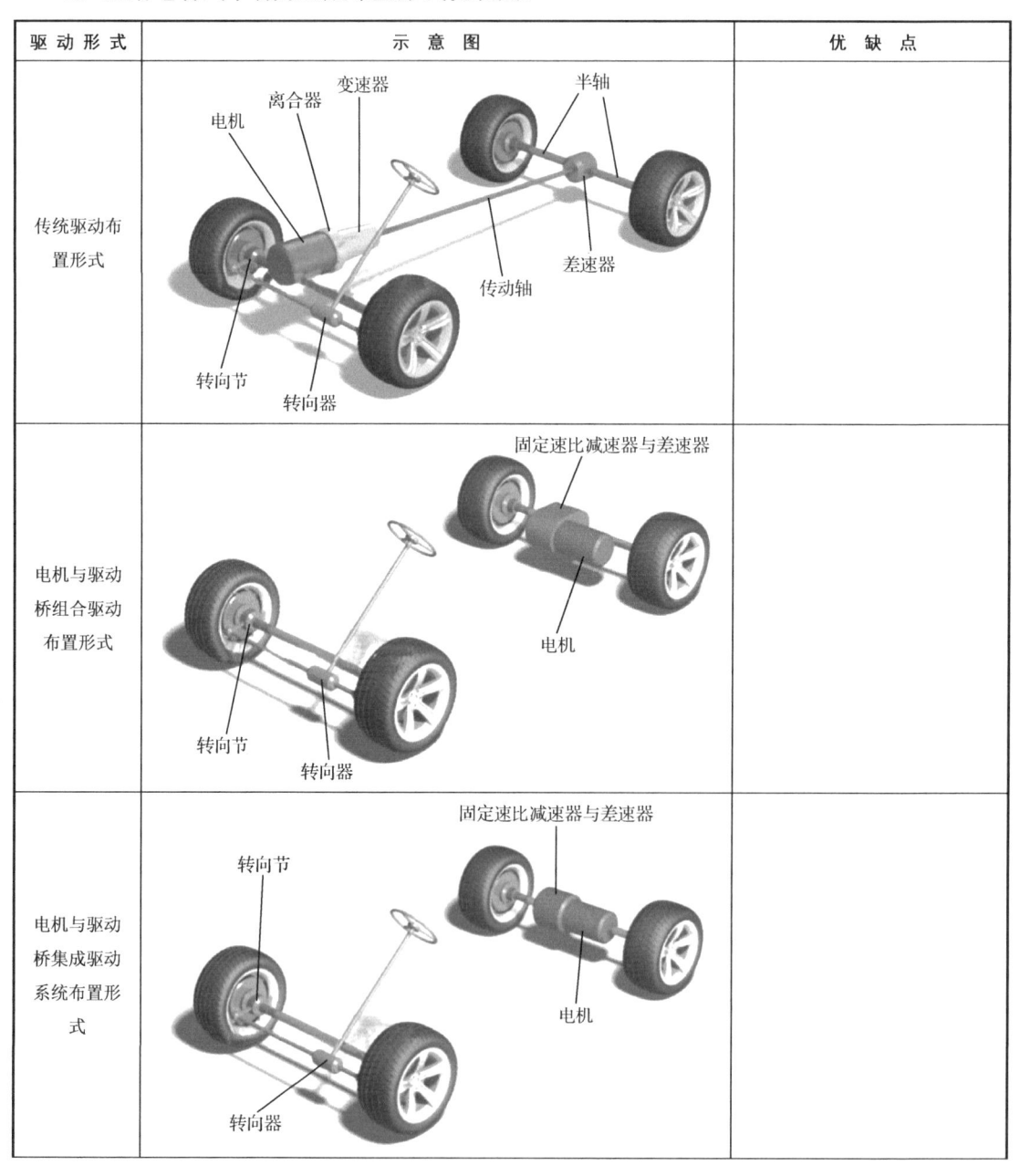

驱动形式	示意图	优缺点
传统驱动布置形式		
电机与驱动桥组合驱动布置形式		
电机与驱动桥集成驱动系统布置形式		

· 16 ·

续表

驱动形式	示意图	优缺点
轮边电机驱动布置形式	(固定速比减速器、轮边电机、转向节、转向器)	
轮毂电机驱动布置形式	(轮毂电机、轮毂电机、转向节、转向器)	

3. 写出下图中永磁同步电机的结构组成。

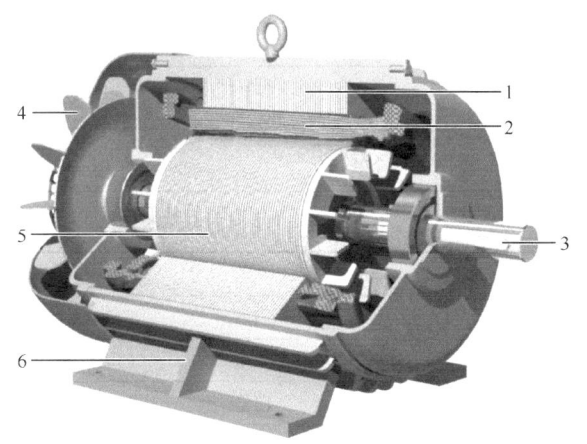

序　号	部 件 名 称
1	
2	
3	
4	
5	
6	

· 17 ·

4．总结旋转变压器的工作原理。

_____
_____
_____
_____
_____

5．根据下图，总结永磁同步电机的工作原理。

电动机状态　　理想空载状态　　发电机状态

_____
_____
_____
_____
_____

6．安装车辆防护用品。

序　号	防护用品	安　装　情　况		
1	安装翼子板布	□是	□否	□无此项
2	安装前格栅布	□是	□否	□无此项
3	安装座椅套	□是	□否	□无此项
4	安装脚垫	□是	□否	□无此项
5	安装转向盘套	□是	□否	□无此项
6	安装换挡旋钮套	□是	□否	□无此项
7	安装车轮挡块	□是	□否	□无此项

7. 执行高压作业安全规定。

序　号	作业流程	执　行　情　况		
1	将换挡旋钮置于P位	□是	□否	□无此项
2	拉起驻车制动器	□是	□否	□无此项
3	关闭点火开关	□是	□否	□无此项
4	将钥匙妥善保存	□是	□否	□无此项
5	断开辅助蓄电池负极	□是	□否	□无此项
6	检查安全防护装备	□是	□否	□无此项
7	断开高压电	□是	□否	□无此项
8	放置高压作业维修标志	□是	□否	□无此项
9	使用放电仪放电	□是	□否	□无此项
10	使用万用表测量系统电压	实测电压_____V		

8. 驱动电机性能检测要点记录。

（1）_____

（2）_____

（3）_____

（4）_____

（5）_____

（6）_____

（7）_____

（8）_____

（9）_____

（10）_____

📖 任务检验

检 验 单		
序　号	标　准	结　果
1	操作流程规范	
2	仪表显示正常	
3	驱动电机系统正常工作	
4	整车上电正常	
5	诊断仪读取故障码	
综合评价	☆ ☆ ☆ ☆ ☆	
综合评语 （作业问题及改进建议）		
5S 管理		
序　号	检查项目	完成情况
1	清理及整理工具、量具	是□ 否□
2	清理及复原车辆正常状况	是□ 否□
3	清洗场地	是□ 否□
4	物品回收和环保	是□ 否□
5	完善和检查工单	是□ 否□

📖 任务总结

1. 简要说明整个操作过程，以及你都学到了哪些知识和技能。

　

　

　

　

2. 请根据自己任务完成的情况，对自己的工作进行评估，并提出改进意见。

3. 你还有哪些疑问?

项目二

任务一　电机控制器更换

📖 任务准备

1．请准备以下参考资料。

技术资料、电路图、教材、工作页、网络资源。

2．根据任务情境描述，在表 2-1-1 中填写本任务实施所需的工具、设备及技术资料清单。

表 2-1-1　工具、设备及技术资料清单表

工具、设备	技术资料清单

3．安全防护用品准备。

（1）个人安全防护用具如下：

绝缘鞋 　　　绝缘手套 　　　防酸碱手套　　　绝缘垫 　　　防护眼镜 　　　灭火器

（2）按下图进行绝缘手套检查：

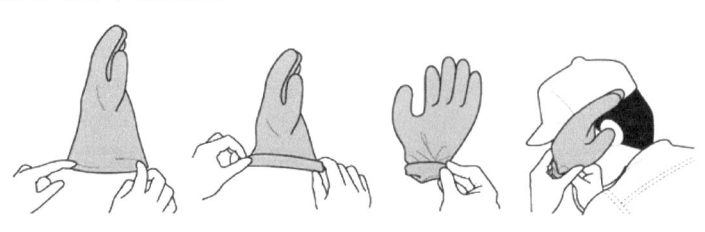

制订计划

进行小组讨论,制订电机控制器更换任务计划,完成表 2-1-2。

表 2-1-2 任务计划表

电机控制器更换任务计划表			
组长		组员	
小组成员分工			
工作计划			

📖 任务实施

1. 登记车辆信息。

品牌/车型		工作电压	
车辆识别码		制造年月	

2. 电机控制器结构认知。

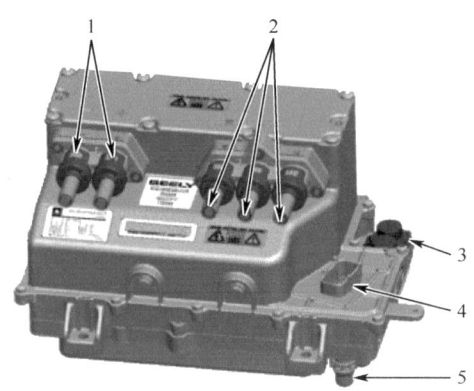

序 号	名 称	作 用
1		
2		
3		
4		
5		

3. 总结电机控制器的功能。

_____

_____

_____

_____

_____

_____

_____

4. 比亚迪 E5 "四合一"的高压电控总成将_____、_____、_____、_____集成一体。

5. 根据比亚迪 E5 加速踏板传感器电路图，总结其工作原理。

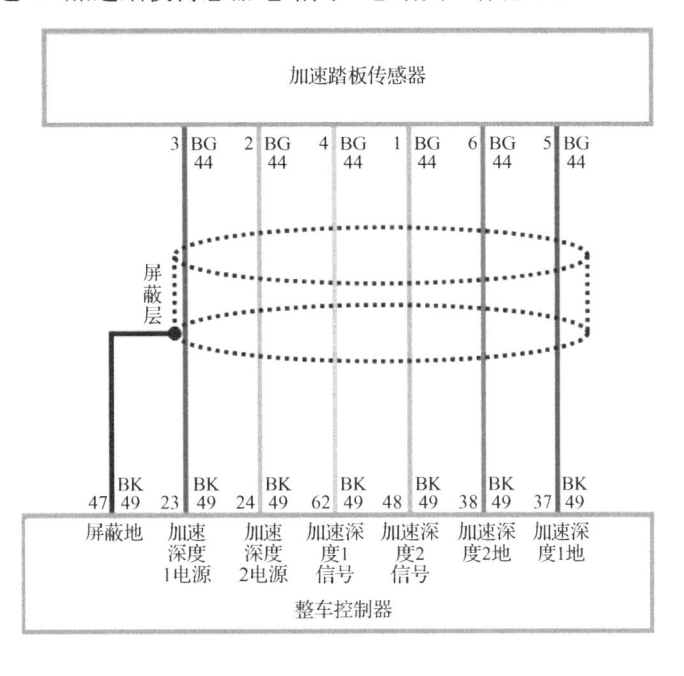

```
                    加速踏板传感器
        ┌──────────────────────────────────┐
        │ 3 BG  2 BG  4 BG  1 BG  6 BG  5 BG│
        │   44    44    44    44    44    44│
        └───┬─────┬─────┬─────┬─────┬─────┬─┘
            │     │     │     │     │     │
        屏蔽层  （屏蔽层示意）
            │     │     │     │     │     │
        ┌───┴─────┴─────┴─────┴─────┴─────┴─┐
        │47 BK 23 BK 24 BK 62 BK 48 BK 38 BK 37 BK│
        │   49    49    49    49    49    49    49│
        │屏蔽地 加速  加速  加速  加速  加速  加速│
        │      深度  深度  深度1 深度2 深度2 深度1│
        │      1电源 2电源 信号  信号  地    地  │
        │              整车控制器              │
        └──────────────────────────────────────┘
```

_____
_____
_____
_____

6. 安装车辆防护用品。

序 号	防 护 用 品	安 装 情 况
1	安装翼子板布	□是　□否　□无此项
2	安装前格栅布	□是　□否　□无此项
3	安装座椅套	□是　□否　□无此项
4	安装脚垫	□是　□否　□无此项
5	安装转向盘套	□是　□否　□无此项
6	安装换挡旋钮套	□是　□否　□无此项
7	安装车轮挡块	□是　□否　□无此项

7. 执行高压作业安全规定。

序 号	作 业 流 程	执 行 情 况
1	将换挡旋钮置于 P 位	□是　□否　□无此项
2	拉起驻车制动器	□是　□否　□无此项
3	关闭点火开关	□是　□否　□无此项

续表

序　号	作 业 流 程	执 行 情 况		
4	将钥匙妥善保存	□是	□否	□无此项
5	断开辅助蓄电池负极	□是	□否	□无此项
6	检查安全防护装备	□是	□否	□无此项
7	断开高压电	□是	□否	□无此项
8	放置高压作业维修标志	□是	□否	□无此项
9	使用放电仪放电	□是	□否	□无此项
10	使用万用表测量系统电压	实测电压_____V		

8．拆卸电机控制器要点记录。

（1）_____
（2）_____
（3）_____
（4）_____
（5）_____
（6）_____
（7）_____
（8）_____
（9）_____
（10）_____

9．安装前检查。

序　号	检 查 部 件	检 查 结 果	
1	备件型号	□正常	□异常
2	备件外观检查	□正常	□异常
3	接插件外观检查	□正常	□异常

10．安装电机控制器要点记录。

（1）_____
（2）_____
（3）_____
（4）_____
（5）_____
（6）_____
（7）_____
（8）_____
（9）_____
（10）_____

📖 任务检验

检 验 单		
序　号	标　准	结　果
1	操作流程规范	
2	仪表显示正常	
3	电机控制器正常工作	
4	整车上电正常	
5	诊断仪读取故障码	
综合评价	☆　☆　☆　☆　☆	
综合评语 （作业问题及改进建议）		
5S 管理		
序　号	检 查 项 目	完 成 情 况
1	清理及整理工具、量具	是□　否□
2	清理及复原车辆正常状况	是□　否□
3	清洗场地	是□　否□
4	物品回收和环保	是□　否□
5	完善和检查工单	是□　否□

📖 任务总结

1. 简要说明整个操作过程，以及你都学到了哪些知识和技能。

_____

_____

_____

_____

2. 请根据自己任务完成的情况，对自己的工作进行评估，并提出改进意见。

_____

_____

_____

_____

3．你还有哪些疑问？

_____

_____

_____

_____

_____

任务二　电机控制系统故障检测与诊断

📖 任务准备

1．请准备以下参考资料。

技术资料、电路图、教材、工作页、网络资源。

2．根据任务情境描述，在表 2-2-1 中填写本任务实施所需的工具、设备及技术资料清单。

表 2-2-1　工具、设备及技术资料清单表

工具、设备	技术资料清单

3．安全防护用品准备。

（1）个人安全防护用具如下：

| 绝缘鞋 | 绝缘手套 | 防酸碱手套 | 绝缘垫 | 防护眼镜 | 灭火器 |

（2）按下图进行绝缘手套检查：

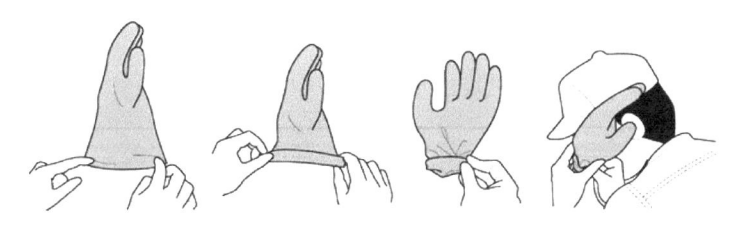

制订计划

进行小组讨论，制订电机控制系统故障检测与诊断任务计划，完成表 2-2-2。

表 2-2-2　任务计划表

电机控制系统故障检测与诊断任务计划表				
组长		组员		
小组成员分工				
工作计划				

📖 任务实施

1. 登记车辆信息。

品牌/车型		工作电压	
车辆识别码		制造年月	

2. 总结 IGBT 的作用。

_____

_____

_____

3. 根据下图，总结驱动模式下电机控制器的工作原理。

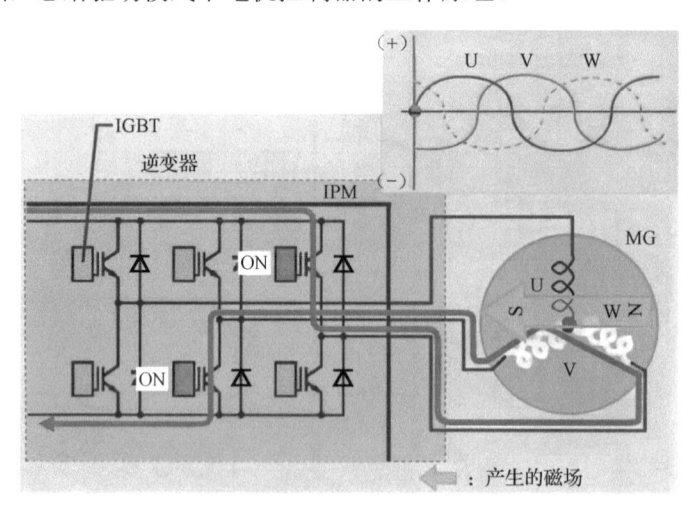

_____

_____

_____

_____

_____

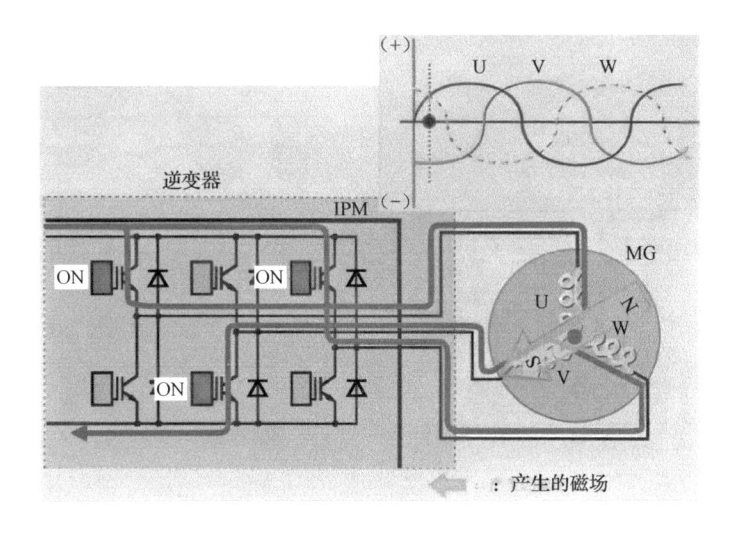

4. 根据下图，总结发电模式下电机控制器的工作原理。

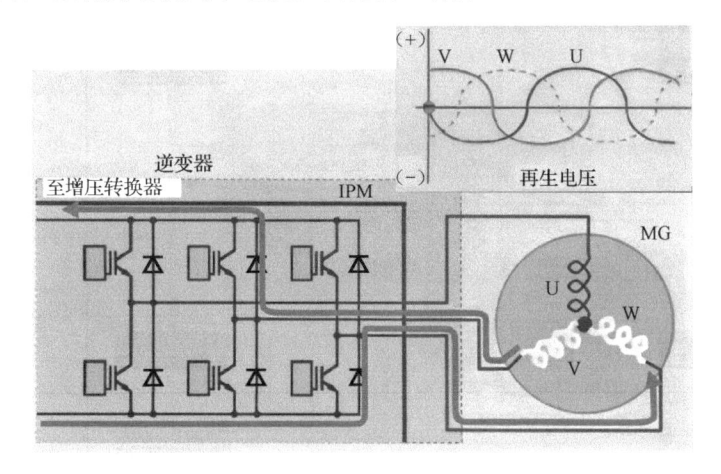

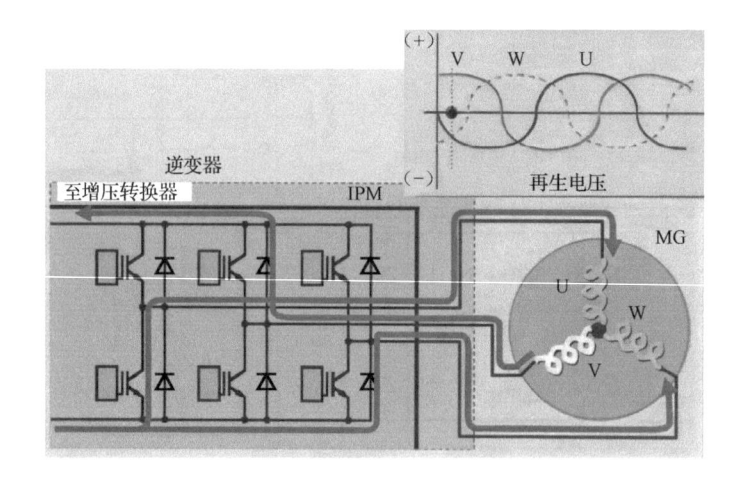

5. 总结驱动电机系统两种工作模式下的能量传递过程。

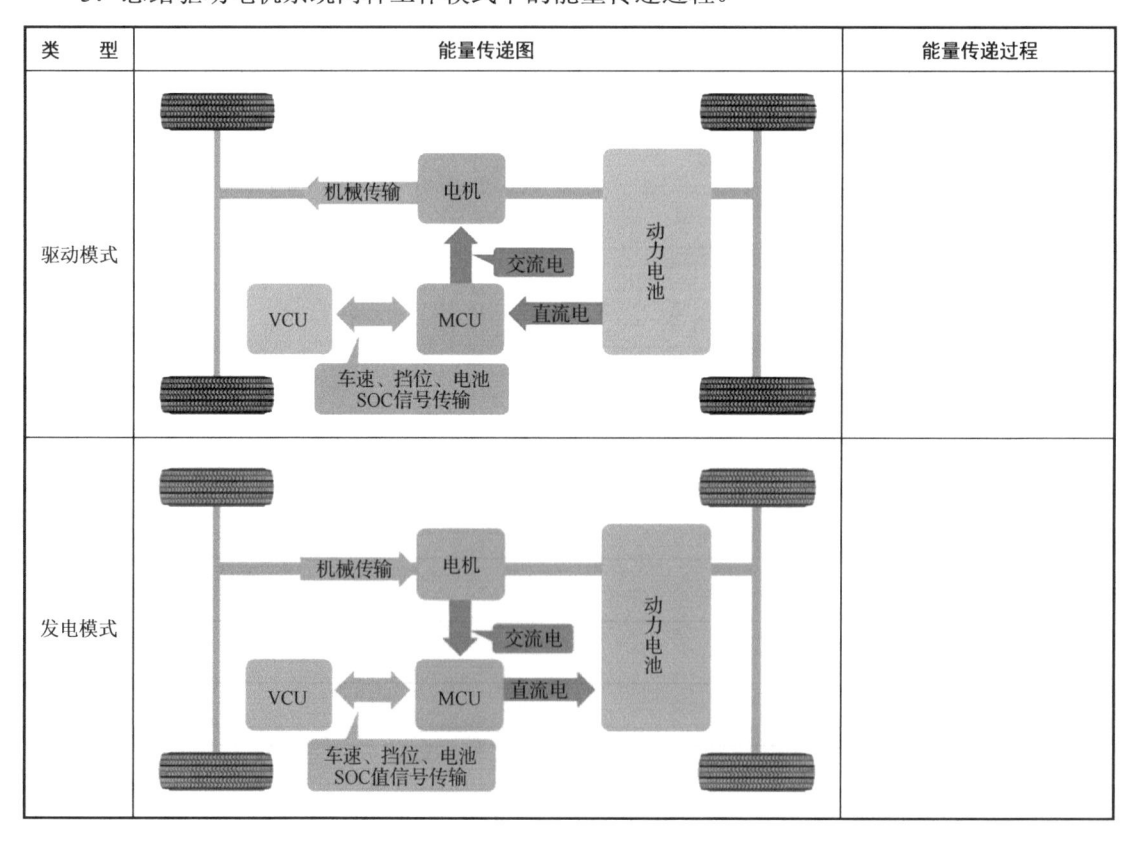

类　型	能量传递图	能量传递过程
驱动模式		
发电模式		

· 32 ·

6．安装车辆防护用品。

序　号	防护用品	安 装 情 况
1	安装翼子板布	□是　　□否　　□无此项
2	安装前格栅布	□是　　□否　　□无此项
3	安装座椅套	□是　　□否　　□无此项
4	安装脚垫	□是　　□否　　□无此项
5	安装转向盘套	□是　　□否　　□无此项
6	安装换挡旋钮套	□是　　□否　　□无此项
7	安装车轮挡块	□是　　□否　　□无此项

7．执行高压作业安全规定。

序　号	作业流程	执 行 情 况
1	将换挡旋钮置于P位	□是　　□否　　□无此项
2	拉起驻车制动器	□是　　□否　　□无此项
3	关闭点火开关	□是　　□否　　□无此项
4	将钥匙妥善保存	□是　　□否　　□无此项
5	断开辅助蓄电池负极	□是　　□否　　□无此项
6	检查安全防护装备	□是　　□否　　□无此项
7	断开高压电	□是　　□否　　□无此项
8	放置高压作业维修标志	□是　　□否　　□无此项
9	使用放电仪放电	□是　　□否　　□无此项
10	使用万用表测量系统电压	实测电压_____V

8．电机控制系统故障检测与诊断要点记录。

（1）_____

（2）_____

（3）_____

（4）_____

（5）_____

（6）_____

（7）_____

（8）_____

（9）_____

（10）_____

📖 任务检验

检 验 单		
序　号	标　准	结　果
1	操作流程规范	
2	仪表显示正常	
3	电机控制系统正常工作	
4	整车上电正常	
5	诊断仪读取故障码	
综合评价	☆ ☆ ☆ ☆ ☆	
综合评语 （作业问题及改进建议）		
5S 管理		
序　号	检 查 项 目	完 成 情 况
1	清理及整理工具、量具	是□ 否□
2	清理及复原车辆正常状况	是□ 否□
3	清洗场地	是□ 否□
4	物品回收和环保	是□ 否□
5	完善和检查工单	是□ 否□

📖 任务总结

1. 简要说明整个操作过程，以及你都学到了哪些知识和技能。

2. 请根据自己任务完成的情况，对自己的工作进行评估，并提出改进意见。

3. 你还有哪些疑问?

项目三

任务一　减速器总成分解与组装

📖 任务准备

1. 请准备以下参考资料。
技术资料、电路图、教材、工作页、网络资源。
2. 根据任务情境描述，在表 3-1-1 中填写本任务实施所需的工具、设备及技术资料清单。

表 3-1-1　工具、设备及技术资料清单表

工具、设备	技术资料清单

3. 安全防护用品准备。
（1）个人安全防护用具如下：

绝缘鞋 　　绝缘手套 　　防酸碱手套　　绝缘垫　　防护眼镜 　　灭火器

（2）按下图进行绝缘手套检查：

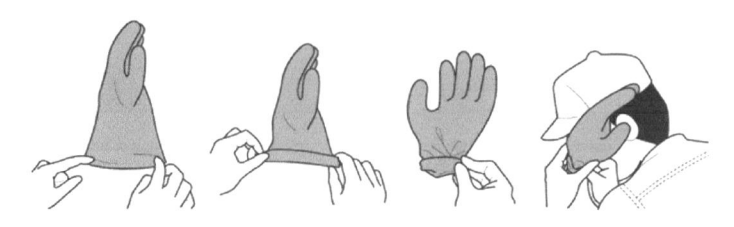

制订计划

进行小组讨论,制订减速器总成分解与组装任务计划,完成表 3-1-2。

表 3-1-2 任务计划表

减速器总成分解与组装任务计划表			
组长		组员	
小组成员分工			
工作计划			

任务实施

1. 登记车辆信息。

品牌/车型		工作电压	
车辆识别码		制造年月	

2. 请总结减速器的功能。

_____

_____

_____

_____

_____

_____

3. 减速器总成系统部件认知。

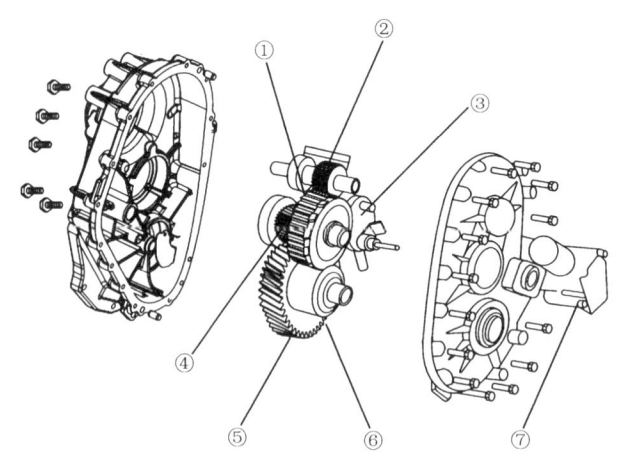

序　号	名　　称
1	
2	
3	
4	
5	
6	
7	

4. 查阅资料，填写北汽 EU7 减速器总成技术参数。

技 术 指 标	技 术 参 数
最高输入转速	
峰值转矩	
驱动方式	
减速比	
驻车功能	
质量	
润滑油油量	
设计寿命	

5. 根据下图，总结减速器内部动力传递路线。

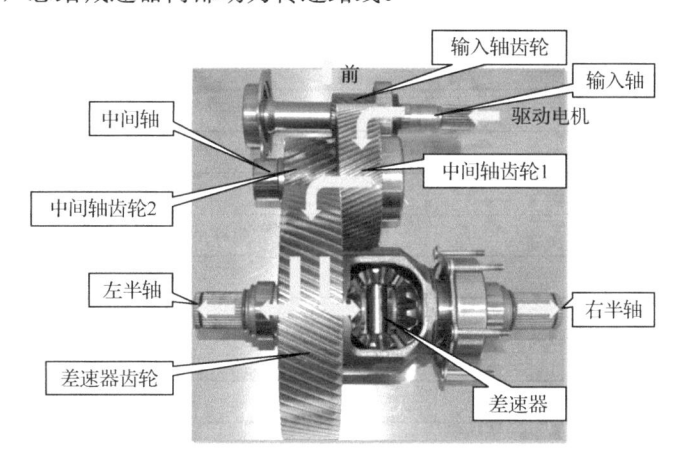

6. 安装车辆防护用品。

序　号	防护用品	安 装 情 况
1	安装翼子板布	□是　　　□否　　　□无此项
2	安装前格栅布	□是　　　□否　　　□无此项
3	安装座椅套	□是　　　□否　　　□无此项
4	安装脚垫	□是　　　□否　　　□无此项
5	安装转向盘套	□是　　　□否　　　□无此项
6	安装换挡旋钮套	□是　　　□否　　　□无此项
7	安装车轮挡块	□是　　　□否　　　□无此项

7．执行高压作业安全规定。

序　号	作业流程	执　行　情　况		
1	将换挡旋钮置于P位	□是	□否	□无此项
2	拉起驻车制动器	□是	□否	□无此项
3	关闭点火开关	□是	□否	□无此项
4	将钥匙妥善保存	□是	□否	□无此项
5	断开辅助蓄电池负极	□是	□否	□无此项
6	检查安全防护装备	□是	□否	□无此项
7	断开高压电	□是	□否	□无此项
8	放置高压作业维修标志	□是	□否	□无此项
9	使用放电仪放电	□是	□否	□无此项
10	使用万用表测量系统电压	实测电压_____V		

8．减速器总成分解要点记录。

（1）_____
（2）_____
（3）_____
（4）_____
（5）_____
（6）_____
（7）_____
（8）_____
（9）_____
（10）_____

9．安装前检查。

序　号	检查部件	检查结果	
1	备件型号	□正常	□异常
2	备件外观检查	□正常	□异常
3	接插件外观检查	□正常	□异常

10．减速器总成组装要点记录。

（1）_____
（2）_____
（3）_____
（4）_____
（5）_____
（6）_____
（7）_____
（8）_____
（9）_____
（10）_____

任务检验

检 验 单		
序　号	标　准	结　果
1	操作流程规范	
2	仪表显示正常	
3	减速器总成工作正常	
4	诊断仪读取故障码	
综合评价	☆ ☆ ☆ ☆ ☆	
综合评语 （作业问题及改进建议）		
5S 管理		
序　号	检查项目	完成情况
1	清理及整理工具、量具	是□ 否□
2	清理及复原车辆正常状况	是□ 否□
3	清洗场地	是□ 否□
4	物品回收和环保	是□ 否□
5	完善和检查工单	是□ 否□

任务总结

1. 简要说明整个操作过程，以及你都学到了哪些知识和技能。

2. 请根据自己任务完成的情况，对自己的工作进行评估，并提出改进意见。

3．你还有哪些疑问？

_____

_____

_____

_____

任务二　减速器检测

📖 任务准备

1．请准备以下参考资料。
技术资料、电路图、教材、工作页、网络资源。
2．根据任务情境描述，在表 3-2-1 中填写本任务实施所需的工具、设备及技术资料清单。

表 3-2-1　工具、设备及技术资料清单表

工具、设备	技术资料清单

3．安全防护用品准备。
（1）个人安全防护用具如下：

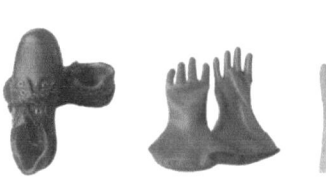

| 绝缘鞋 | 绝缘手套 |  防酸碱手套 | 绝缘垫 | 防护眼镜 |  灭火器 |

（2）按下图进行绝缘手套检查：

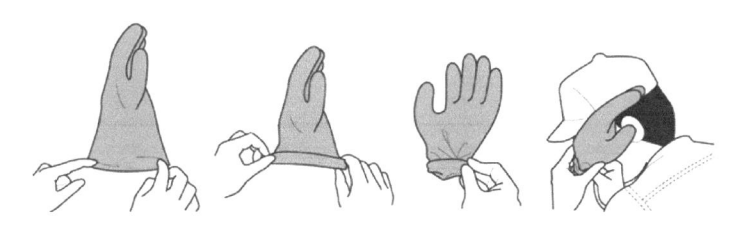

制订计划

进行小组讨论，制订减速器检测任务计划，完成表 3-2-2。

表 3-2-2　任务计划表

减速器检测任务计划表				
组长		组员		
小组成员分工					
工作计划					

📖 任务实施

1. 登记车辆信息。

品牌/车型		工作电压	
车辆识别码		制造年月	

2. 总结减速器 P 挡的功能。

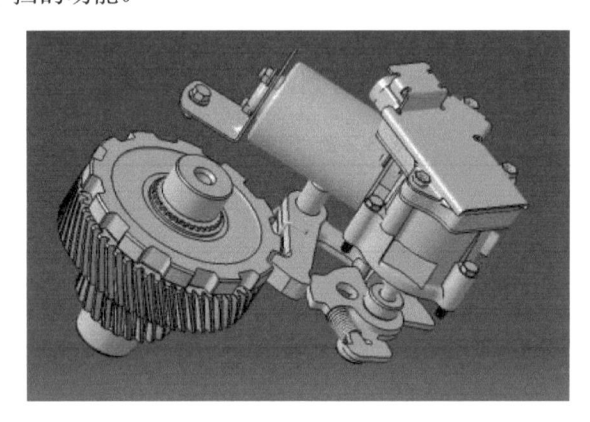

_____
_____
_____
_____

3. 根据吉利帝豪 EV450 驻车控制流程图，总结车辆进入及退出 P 挡的控制过程。

_____
_____
_____
_____

· 44 ·

4．驻车换挡时驻车条件为：

5．驻车换挡时解除驻车条件为：

6．安装车辆防护用品。

序　号	防护用品	安　装　情　况		
1	安装翼子板布	□是	□否	□无此项
2	安装前格栅布	□是	□否	□无此项
3	安装座椅套	□是	□否	□无此项
4	安装脚垫	□是	□否	□无此项
5	安装转向盘套	□是	□否	□无此项
6	安装换挡旋钮套	□是	□否	□无此项
7	安装车轮挡块	□是	□否	□无此项

7．执行高压作业安全规定。

序　号	作业流程	执　行　情　况		
1	将换挡旋钮置于P位	□是	□否	□无此项
2	拉起驻车制动器	□是	□否	□无此项
3	关闭点火开关	□是	□否	□无此项

续表

序 号	作业流程	执 行 情 况		
4	将钥匙妥善保存	□是	□否	□无此项
5	断开辅助蓄电池负极	□是	□否	□无此项
6	检查安全防护装备	□是	□否	□无此项
7	断开高压电	□是	□否	□无此项
8	放置高压作业维修标志	□是	□否	□无此项
9	使用放电仪放电	□是	□否	□无此项
10	使用万用表测量系统电压	实测电压_____V		

8．减速器检测要点记录。

（1）_____

（2）_____

（3）_____

（4）_____

（5）_____

（6）_____

（7）_____

（8）_____

（9）_____

（10）_____

任务检验

检 验 单		
序 号	标 准	结 果
1	操作流程规范	
2	仪表显示正常	
3	减速器工作正常	
4	诊断仪读取故障码	
综合评价	☆ ☆ ☆ ☆ ☆	
综合评语 （作业问题及改进建议）		
5S 管理		
序 号	检 查 项 目	完 成 情 况
1	清理及整理工具、量具	是□ 否□
2	清理及复原车辆正常状况	是□ 否□
3	清洗场地	是□ 否□
4	物品回收和环保	是□ 否□
5	完善和检查工单	是□ 否□

任务总结

1. 简要说明整个操作过程，以及你都学到了哪些知识和技能。

2. 请根据自己任务完成的情况，对自己的工作进行评估，并提出改进意见。

3. 你还有哪些疑问？

项目四

任务一　驱动电机冷却系统部件更换

📖 任务准备

1. 请准备以下参考资料。
技术资料、电路图、教材、工作页、网络资源。
2. 根据任务情境描述，在表 4-1-1 中填写本任务实施所需的工具、设备及技术资料清单。

表 4-1-1　工具、设备及技术资料清单表

工具、设备	技术资料清单

3. 安全防护用品准备。
（1）个人安全防护用具如下：

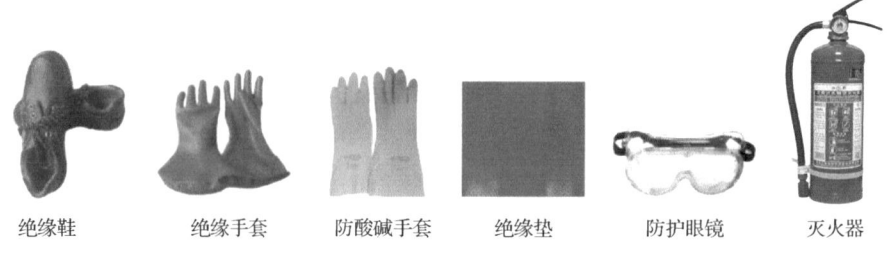

绝缘鞋　　绝缘手套　　防酸碱手套　　绝缘垫　　防护眼镜　　灭火器

（2）按下图进行绝缘手套检查：

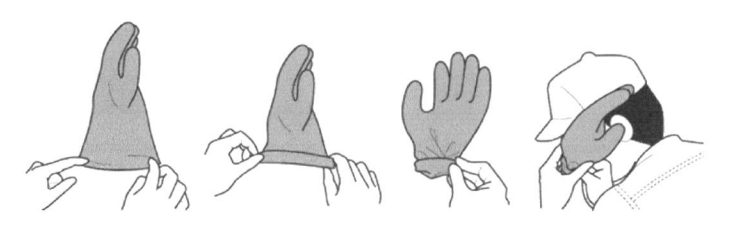

制订计划

进行小组讨论,制订驱动电机冷却系统部件更换任务计划,完成表 4-1-2。

表 4-1-2 任务计划表

驱动电机冷却系统部件更换任务计划表				
组长		组员		
小组成员分工				
工作计划				

📖 任务实施

1. 登记车辆信息。

品牌/车型		工作电压	
车辆识别码		制造年月	

2. 请总结驱动电机冷却系统的功能。

_____

_____

_____

_____

_____

_____

3. 请总结驱动电机冷却系统的类型及特点。

序　号	类　型	特　点
1		
2		
3		

4. 驱动电机冷却系统结构认知。

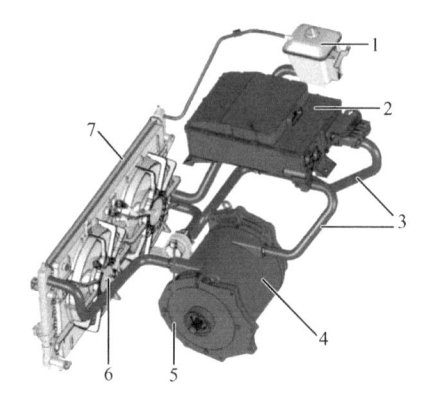

序　号	部　件　名　称
1	
2	
3	
4	
5	
6	
7	

5．请填写北汽新能源 ARCFOX 汽车水泵参数。

名　称	参　数
静态电流	
额定功率	
额定工作电压	
额定工作电流	
峰值电流及持续时间	
峰值电流发生频次	
工作电压范围	

6．安装车辆防护用品。

序　号	防护用品	安　装　情　况
1	安装翼子板布	□是　　□否　　□无此项
2	安装前格栅布	□是　　□否　　□无此项
3	安装座椅套	□是　　□否　　□无此项
4	安装脚垫	□是　　□否　　□无此项
5	安装转向盘套	□是　　□否　　□无此项
6	安装换挡旋钮套	□是　　□否　　□无此项
7	安装车轮挡块	□是　　□否　　□无此项

7．执行高压作业安全规定。

序　号	作业流程	执　行　情　况
1	将换挡旋钮置于 P 位	□是　　□否　　□无此项
2	拉起驻车制动器	□是　　□否　　□无此项
3	关闭点火开关	□是　　□否　　□无此项
4	将钥匙妥善保存	□是　　□否　　□无此项
5	断开辅助蓄电池负极	□是　　□否　　□无此项
6	检查安全防护装备	□是　　□否　　□无此项
7	断开高压电	□是　　□否　　□无此项
8	放置高压作业维修标志	□是　　□否　　□无此项
9	使用放电仪放电	□是　　□否　　□无此项
10	使用万用表测量系统电压	实测电压＿＿＿＿＿＿V

8．电动水泵拆卸要点记录。

（1）_____
（2）_____
（3）_____
（4）_____
（5）_____
（6）_____
（7）_____
（8）_____
（9）_____
（10）_____

9．安装前检查。

序　号	检 查 部 件	检 查 结 果
1	备件型号	□正常　　　　□异常
2	备件外观检查	□正常　　　　□异常
3	接插件外观检查	□正常　　　　□异常

10．电动水泵安装要点记录。

（1）_____
（2）_____
（3）_____
（4）_____
（5）_____
（6）_____
（7）_____
（8）_____
（9）_____
（10）_____

任务检验

检　验　单			
序　号	标　准		结　果
1	操作流程规范		
2	仪表显示正常		
3	水泵工作正常		
4	水温正常		
5	诊断仪读取故障码		
综合评价	☆　☆　☆　☆　☆		
综合评语 （作业问题及改进建议）			

续表

5S 管理		
序　　号	检 查 项 目	完 成 情 况
1	清理及整理工具、量具	是□　否□
2	清理及复原车辆正常状况	是□　否□
3	清洗场地	是□　否□
4	物品回收和环保	是□　否□
5	完善和检查工单	是□　否□

任务总结

1. 简要说明整个操作过程，以及你都学到了哪些知识和技能。

_____

_____

_____

_____

2. 请根据自己任务完成的情况，对自己的工作进行评估，并提出改进意见。

_____

_____

_____

_____

3. 你还有哪些疑问？

_____

_____

_____

_____

任务二 驱动电机冷却系统故障检测与诊断

📖 任务准备

1. 请准备以下参考资料。

技术资料、电路图、教材、工作页、网络资源。

2. 根据任务情境描述,在表 4-2-1 中填写本任务实施所需的工具、设备及技术资料清单。

表 4-2-1 工具、设备及技术资料清单表

工具、设备	技术资料清单

3. 安全防护用品准备。

(1) 个人安全防护用具如下:

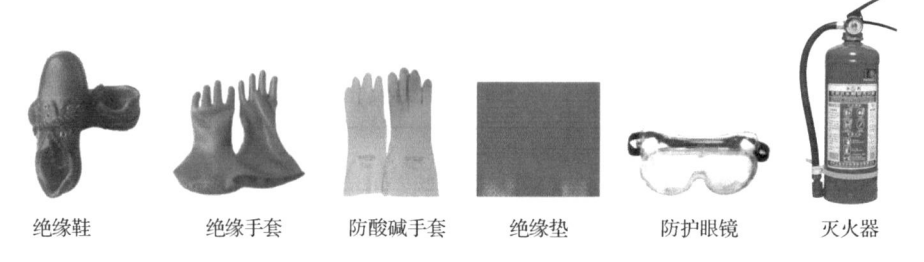

绝缘鞋　　绝缘手套　　防酸碱手套　　绝缘垫　　防护眼镜　　灭火器

(2) 按下图进行绝缘手套检查:

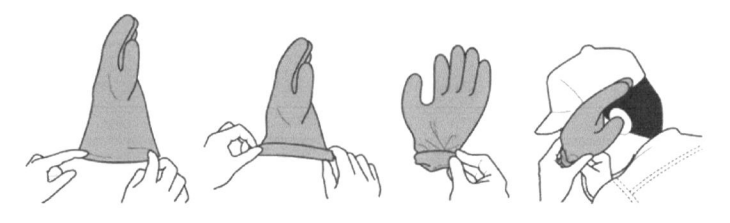

📖 制订计划

进行小组讨论,制订驱动电机冷却系统故障检测与诊断任务计划,完成表 4-2-2。

表 4-2-2 任务计划表

驱动电机冷却系统故障检测与诊断任务计划表				
组长		组员		
小组成员分工				
工作计划				

📖 任务实施

1. 登记车辆信息。

品牌/车型		工作电压	
车辆识别码		制造年月	

2．冷却系统温度传感器结构认知。

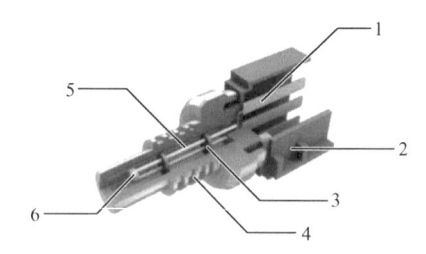

序　号	部件名称
1	
2	
3	
4	
5	
6	

3．根据下图，总结驱动电机冷却系统冷却液的流向。

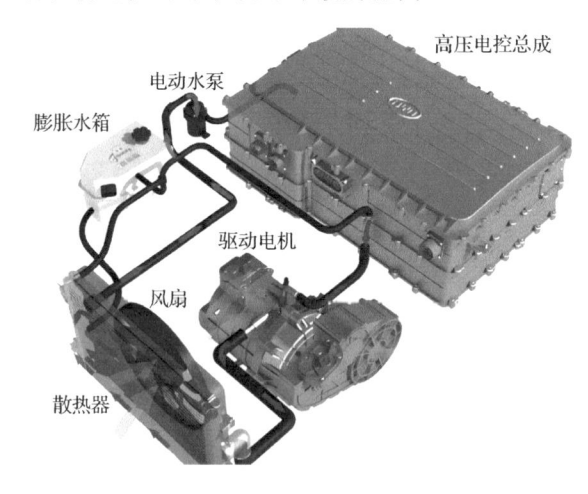

4. 请总结驱动电机冷却系统的工作原理。

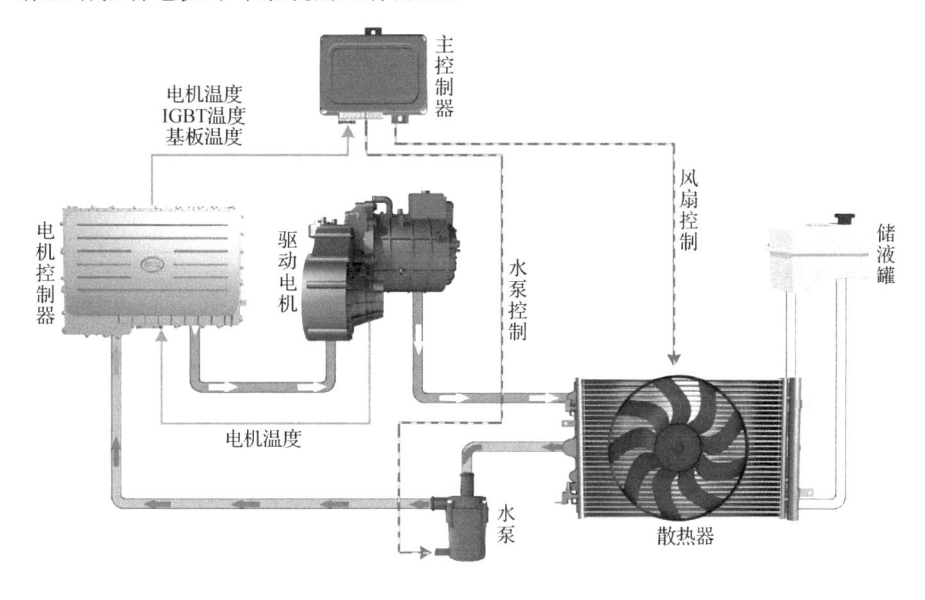

5. 请根据电路图，总结冷却风扇低速模式工作过程。

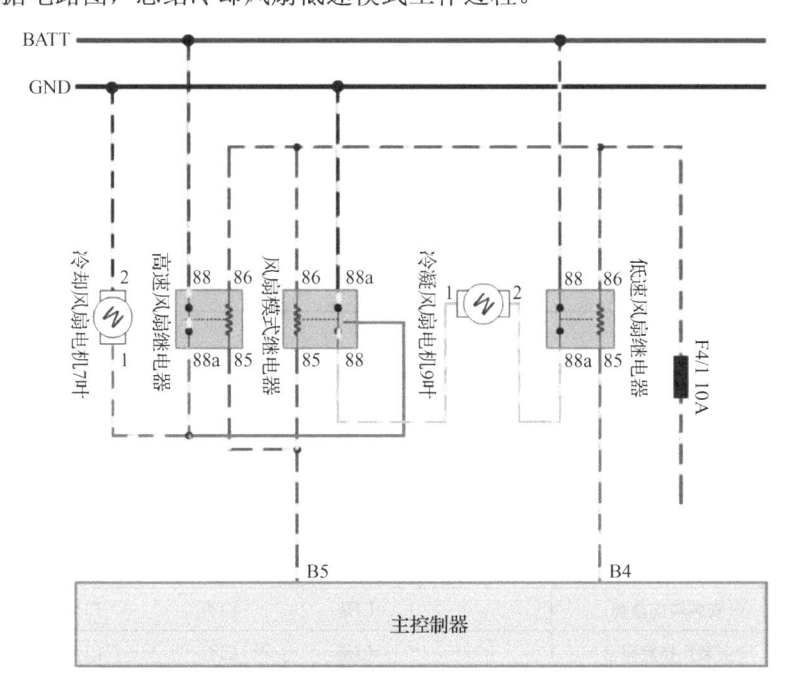

6. 请根据电路图，总结冷却风扇高速模式工作过程。

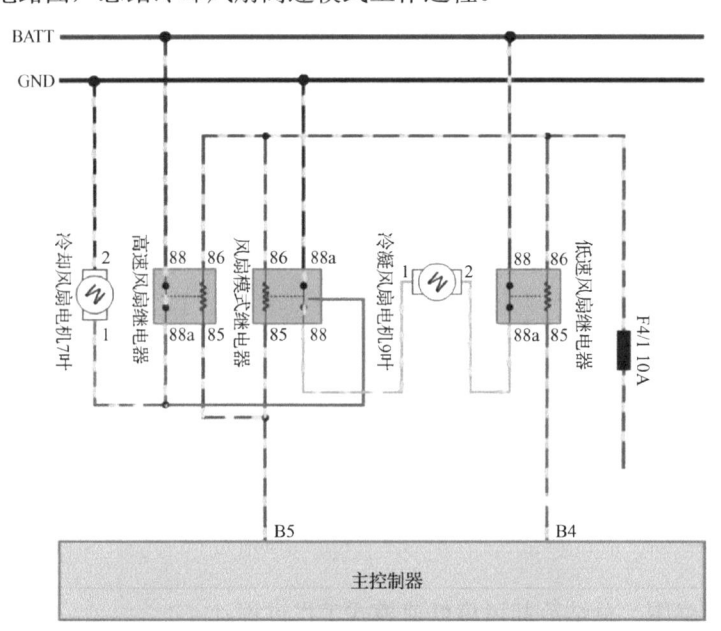

7. 安装车辆防护用品。

序 号	防护用品	安 装 情 况
1	安装翼子板布	□是　　□否　　□无此项
2	安装前格栅布	□是　　□否　　□无此项
3	安装座椅套	□是　　□否　　□无此项
4	安装脚垫	□是　　□否　　□无此项
5	安装转向盘套	□是　　□否　　□无此项
6	安装换挡旋钮套	□是　　□否　　□无此项
7	安装车轮挡块	□是　　□否　　□无此项

8. 执行高压作业安全规定。

序 号	作业流程	执行情况		
1	将换挡旋钮置于P位	□是	□否	□无此项
2	拉起驻车制动器	□是	□否	□无此项
3	关闭点火开关	□是	□否	□无此项
4	将钥匙妥善保存	□是	□否	□无此项
5	断开辅助蓄电池负极	□是	□否	□无此项
6	检查安全防护装备	□是	□否	□无此项
7	断开高压电	□是	□否	□无此项
8	放置高压作业维修标志	□是	□否	□无此项
9	使用放电仪放电	□是	□否	□无此项
10	使用万用表测量系统电压	实测电压_____V		

9. 驱动电机冷却系统故障检测与诊断要点记录。

（1）_____
（2）_____
（3）_____
（4）_____
（5）_____
（6）_____
（7）_____
（8）_____
（9）_____
（10）_____

任务检验

检 验 单		
序 号	标 准	结 果
1	操作流程规范	
2	仪表显示正常	
3	驱动电机冷却系统工作正常	
4	水温正常	
5	诊断仪读取故障码	
综合评价	☆ ☆ ☆ ☆ ☆	
综合评语 （作业问题及改进建议）		

续表

5S 管理		
序　号	检 查 项 目	完 成 情 况
1	清理及整理工具、量具	是□ 否□
2	清理及复原车辆正常状况	是□ 否□
3	清洗场地	是□ 否□
4	物品回收和环保	是□ 否□
5	完善和检查工单	是□ 否□

📖 任务总结

1. 简要说明整个操作过程，以及你都学到了哪些知识和技能。

_____

_____

_____

_____

2. 请根据自己任务完成的情况，对自己的工作进行评估，并提出改进意见。

_____

_____

_____

_____

3. 你还有哪些疑问？

_____

_____

_____

_____

责任编辑：陈　虹
封面设计：创智时代

ISBN 978-7-121-47082-0

定价：33.00元